YINGKE® 盈科

盈科全国业务指导委员会系列丛书

逆转为“盈”

知识产权申请再审成功案例律师策略与分析

盈科律师事务所 / 编
王承恩 / 主编

法律出版社 LAW PRESS · CHINA
北京

图书在版编目(CIP)数据

逆转为“盈”:知识产权申请再审成功案例律师策略与分析 / 盈科律师事务所编 ; 王承恩主编. -- 北京 : 法律出版社, 2022

ISBN 978-7-5197-6603-0

Ⅰ. ①逆… Ⅱ. ①盈… ②王… Ⅲ. ①知识产权法-案例-中国 Ⅳ. ①D923.405

中国版本图书馆 CIP 数据核字(2022)第055396号

逆转为“盈”:知识产权申请再审成功案例律师策略与分析 **NIZHUAN WEI “YING”: ZHISHICHANQUAN SHENQING ZAISHEN CHENGGONG ANLI LÜSHI CELÜE YU FENXI**	盈科律师事务所 / 编 王承恩 / 主编	策划编辑 朱海波 责任编辑 朱海波 谢瑞忠 装帧设计 汪奇峰

出版发行 法律出版社
编辑统筹 法律应用出版分社
责任校对 王晓萍 王语童
责任印制 刘晓伟
经　　销 新华书店

开本 710 毫米×1000 毫米 1/16
印张 11.75 **字数** 250 千
版本 2022 年 4 月第 1 版
印次 2022 年 4 月第 1 次印刷
印刷 天津嘉恒印务有限公司

地址:北京市丰台区莲花池西里 7 号(100073)
网址:www.lawpress.com.cn
投稿邮箱:info@lawpress.com.cn
举报盗版邮箱:jbwq@lawpress.com.cn
销售电话:010-83938349
客服电话:010-83938350
咨询电话:010-63939796

书号:ISBN 978-7-5197-6603-0　　**定价**:52.00 元

凡购买本社图书,如有印装错误,我社负责退换。电话:010-83938349

盈科全国业务指导委员会系列丛书编委会

总 主 编 李 华

出版统筹 郭 琪 丁 萌 张思媛 张静彤

本书编委会

主 编 王承恩

副主编 张群力 闫东伟 李兆岭

编 委（按姓名拼音顺序）

陈 秉 丁晓雨 段俊蓉 高慧天 郭春平 李玲玉

刘 青 卢 青 马丽丽 孟祥亮 饶 欣 史彩云

孙 健 谭明进 汤学丽 许国兴 张思佳 赵成伟

YINGKE® 盈科

目 录

CONTENTS

1. 专利无效为解决专利侵权诉讼的必备利器 / 001

——江苏鱼跃医疗设备股份有限公司与重庆鬼谷子医疗器械科技有限公司、重庆医流巴巴医疗器械连锁有限公司侵害发明专利权纠纷上诉案 …………………………………… 赵成伟　闫东伟

2. 现有技术抗辩中“高度盖然性”证明标准的适用 / 010

——无锡市鑫润工业炉有限公司诉烟台市圣力钢绳有限公司、江苏丰华热处理科技有限公司侵害发明专利权纠纷案 …… 李玲玉

3. 专利侵权行为主体多方性利用及专利“制造”侵权认定 / 020

——宁波太极环保设备有限公司诉湖北中冶环境工程有限公司、广西凯玺有色金属有限公司侵害发明专利权纠纷案 …… 李兆岭

4. 专利说明书可帮助解释，但不应限制权利要求 / 029

——王某某诉国家知识产权局专利无效行政纠纷案 ……… 李兆岭

5. 专利权权属纠纷的被告不能遗漏共同发明人 / 039

——深圳市驰卡技术有限公司等与深圳市创自技术有限公司专利权权属纠纷再审案 ………………………… 王承恩　许国兴

6. 专利无效宣告证据在一审、二审、再审程序中的作用 / 049
——长沙得悦科技发展有限公司诉佛山市宇森医疗器械有限公司、常州益锐医疗器材有限公司侵害发明专利权纠纷案…… 马丽丽

7. 通过无效宣告程序移除在先权利障碍，帮助在后申请的商标获准注册 / 059
——泉州某卫浴公司与国家工商行政管理总局商标评审委员会商标行政纠纷再审反败为胜案 …………………………………… 张群力

8. 专利侵权案中如何查明技术事实 / 069
——尚亨中诉桂林和宏纸塑制品有限公司等发明专利侵权系列纠纷案 …………………………………………………… 谭明进 肖传江

9. 清除在先商标障碍，被宣告无效商标终获授权 / 078
——再审申请人绍兴咸亨食品股份有限公司与被申请人国家知识产权局、一审第三人安庆市高平老奶奶食品有限责任公司商标权无效宣告请求行政纠纷案 …………………………… 闫东伟

10. 申请商标注册不得损害他人在先著作权 / 089
——深圳市载途科技有限公司与国家知识产权局、第三人马某商标权无效宣告请求行政纠纷再审案 ……… 王承恩 史彩云

11. 申请商标注册不得损害他人已经具有一定市场知名度的在先字号权 / 099
——深圳创维－RGB 电子有限公司与国家工商行政管理总局商标评审委员会、第三人中山市某公司商标争议行政纠纷再审案
………………………………………………… 王承恩 廖柏寒

12. **情势变更原则在商标驳回纠纷程序中的运用** / 109

——理昂生态能源股份有限公司诉国家知识产权局关于第21728067号“R及图”商标驳回复审纠纷案

…………………………………………………… 陈 秉 杨 鹤

13. **商标行政诉讼中情势变更原则的适用** / 119

——苏州快吉刀片制造有限公司与国家知识产权局、第三人捷克刀片有限公司商标权无效宣告请求行政纠纷再审案

…………………………………………………………… 郭春平

14. **在先注册商标连续三年未使用被撤销,注册商标最终获核准** / 129

——云南第一时间商标事务所有限公司、国家知识产权局商标申请驳回复审行政纠纷案 ………………………………… 段俊蓉

15. **商标获权中的“撤三”程序与商标行政诉讼的情势变更原则的运用** / 134

——绥中东森休闲观光有限公司诉国家知识产权局商标申请驳回复审行政纠纷案 ……………………………… 高慧天 唐碧遥

16. **非物质文化遗产项目名称作为商标注册时的显著性问题探析** / 143

——杨华祥与国家工商行政管理总局商标评审委员会商标权无效宣告请求行政纠纷案 …………………………………… 刘 青

17. **工程主体完工后未验收即解除委托设计合同,委托人在特定目的范围内继续使用委托作品不构成侵权** / 151

——山东某建筑设计研究院与济南某建筑设计公司著作权纠纷申

请再审反败为胜案…………………………………………… 张群力

18. **滥用“不可抗力”单方发出解除通知，不产生解除合同的后果且应当承担违约责任** / 161

——北京某化工公司与西南某工业公司专利实施许可和专有技术转让合同纠纷案 …………………………………………… 张群力

19. **《反不正当竞争法》第5条规定的知名商品无须全国知名** / 170

——天津冠芳可乐饮料有限公司诉天津山楂树下饮品科技有限公司不正当竞争纠纷案 …………………… 孟祥亮　马珊珊

1.

专利无效为解决专利侵权诉讼的必备利器

——江苏鱼跃医疗设备股份有限公司与重庆鬼谷子医疗器械科技有限公司、重庆医流巴巴医疗器械连锁有限公司侵害发明专利权纠纷上诉案

赵成伟　闫东伟

最高人民法院(2020)最高法知民终1537号

一、案情简介

上诉人(原审被告):江苏鱼跃医疗设备股份有限公司

被上诉人(原审原告):重庆鬼谷子医疗器械科技有限公司

原审被告:重庆医流巴巴医疗器械连锁有限公司

江苏鱼跃医疗设备股份有限公司(以下简称鱼跃公司)的核心产品制氧机被竞争对手重庆鬼谷子医疗器械科技有限公司(以下简称鬼谷子公

司)起诉侵犯专利权,一审中鱼跃公司提出了专利无效请求,但无效进程一直未有效推进,一审抗辩理由未被法院认可,遂被判败诉。一审法院判决鱼跃公司立即停止生产、销售侵权的制氧机产品,并赔偿鬼谷子公司50万元经济损失及合理费用。涉案制氧机产品是鱼跃公司的核心产品,一旦停止生产、销售,鱼跃公司将面临每年巨额的经济损失,其他型号的制氧机产品亦面临侵权风险,公司的经营遭遇重大危机。本文作者在二审中担任鱼跃公司的代理人。我们通过大量检索对比文件和教科书,积极准备专利无效程序,并详细比对了我方产品与涉案专利的区别,制定了专利无效程序和不侵权抗辩两条路并行的应诉方案,终于法院判决涉案专利无效。

二、原裁判内容及存在的问题

一审判决认为,被告用于现有技术抗辩的公证产品内部变压器及显示屏背后控制板上显示的型号与产品本身型号"7F－3E"不一致,说明产品有被更换零部件的情形,不能证明对比产品生产后至今没有经过任何修理、更换或其他人为变动。被告提交的"(2019)宁钟证经内字第1075号公证书"也仅记载了2019年1月14日从案外人处取得对比产品的过程,不能证明该对比产品在被公证封存前一直处于案外人购买时的原始完整状态。对比产品所附《用户手册》未完整反映产品内部结构及技术特征,被告亦未提交设计图纸、生产工艺图等其他证据进一步证明该对比产品生产时的内部结构及技术特征。因此,被告提供的现有证据不足以证明庭审时拆解显示的对比产品内部结构及技术特征形成于涉案专利申请日前,现有技术抗辩不成立。

一审判决书中认定现有技术抗辩不成立，是一审败诉的重要原因之一。一审判决书的观点从表面上看似乎有道理，但是经不起推敲。因为借用通用部件是业内的常规做法。因此，二审中需要补充证据，对此点展开详细论证。此外，还须针对涉案专利提出无效宣告请求，争取将涉案专利诉称侵权的权利要求宣告无效，以达釜底抽薪的效果。

三、二审办案策略及律师工作

制氧机是鱼跃公司的核心产品，年销量最高时达到 10 亿元，市场占有率达到 60% 以上，曾于 2010 年和 2014 年被认定为高新技术产品，2011 年和 2018 年获得中国外观设计金奖，2012 年、2016 年和 2018 年获得中国优秀工业设计奖，并于 2020 年 12 月成为全国唯一入选 2020 年度首批企业标准“领跑者”名单的制氧机产品。

2019 年 5 月，鱼跃公司的制氧机产品被竞争对手鬼谷子公司起诉侵犯专利权。一审中，鱼跃公司针对涉案专利提出了无效宣告请求，其无效理由与本案诉讼中的理由基本一致，检索的对比文件内容有限，其无效的最主要理由是不具有新颖性等，并坚持现场比对在先产品和涉案专利，但因为疫情原因，现场口审开庭一直未能进行，因此无效程序一直被搁置。在诉讼程序中，由于一审证据存在较大瑕疵，现有技术抗辩、不侵权抗辩等多种抗辩理由均未获支持，因此一审法院判决鱼跃公司立即停止生产、销售侵权的制氧机产品，赔偿鬼谷子公司 50 万元经济损失及合理费用。50 万元赔偿额对于鱼跃公司而言，并不是大的数目。然而，停止生产、销售侵权的制氧机产品，对于鱼跃公司则影响巨大。并且，不仅是涉案型号制氧机会受影响，其他型号制氧机也可能因鬼谷子公司日后提起侵权诉讼而受波及,公司的生产经营也将遭受重创。因此,二审关乎鱼跃公司核心产品,显得十分重要。

二审中,笔者联合北京市盈科律师事务所和北京市盈科(南京)律师事务所的多名专利律师组成了律师团队,对案情进行了深入分析。为确保万无一失,制定了“诉讼和无效两手抓,两手都要硬”的代理策略。在专利无效方面,首先遇到的难题就是时间紧——二审审限较短,专利无效从提起到口审需要较长时间,因此二审中,律师团队一直在和时间赛跑。如何保证在二审裁判前将专利宣告无效,成为摆在律师团队面前的一大难题。我们在最短时间内检索了数千件国内外现有技术(包含专利、论文、教科书、工具书、标准、网页等),并精读了其中的相关技术,最终确定了14件现有技术作为证据,后将无效请求书撰写完成,并针对无效材料进行无效口审模拟,并提交了无效宣告请求文件。无效请求中,团队采用1988年公开的实用新型专利来评述新颖性,并通过精心设计证据组合,采用8组证据组合来评述创造性,还为了引出专利权人的不利陈述而技巧性地设计了其他无效理由。果真,专利权人不出所料落入了团队精心设计的“陷阱”里。他们认为涉案专利中的限流阀区别于证据中的节流孔,具备创造性。这样即使无效失败,只要无效决定中认可了专利权人的上述意见,被控侵权产品就因其中是节流孔,不同于涉案专利的限流阀,而不构成侵权。

为加快无效审查进度,团队还提交了优先审查申请并获得了批准,并及时与审查员充分沟通,受理通知书也在很快的时间内发出。在口头审理之前,团队律师还进行了模拟口头审理,将口头审理中可能遇到的问题一一提出,并做好应对措施。口头审理中,由于团队准备非常充分,整个过程非常顺畅。最终,距离提出无效请求不到4个月,国家知识产权局专利局复审和无效审理部于2020年11月6日作出了无效宣告请求审查决定书,宣告涉案专利权利要求1~7(其中权利要求1、3、5、6是一审中认定侵权的权利要求)无效。

在二审诉讼方面,团队首先分析了一审证据存在瑕疵的原因,即一审中提交的在先销售制氧机中存在内部部件型号与整机型号不一致的情况,这让鬼谷子公司质疑制氧机在公证之前内部部件曾经更换过。实际上,不同型号产品之间借用通用部件是本领域的常规做法,鱼跃公司各个型号制氧机中都存在这一问题,很多大工厂也存在这一问题。为补强这一证据瑕疵,团队一方面结合丰田管理模式中关于设计产品使用通用部件的记载以及被控型号制氧机工艺文件中亦存在通用部件借用的情形,另一方面先后赴金华、无锡、盐城、丹阳等多地对4种型号在先销售制氧机(其中也存在型号借用问题)进行公证,以此充分论述产品设计中借用通用部件是惯常做法,不能仅因产品中部件型号与整机型号不一致,就认定产品中部件可能被更换过。此外,团队还提交了专利无效程序中专利权人关于限流阀比节流孔效果好的意见陈述,以利用禁止反悔原则得出被控侵权产品中节流孔与涉案专利中限流阀不等同的结论,从而进行不侵权抗辩,以确保能够实现"双保险"或者"三保险"。

最终,由于无效决定率先作出,最高人民法院取消了二审开庭计划,直接作出了撤销一审判决、驳回鬼谷子公司起诉的裁定。

本案的代理过程中,主要有以下几个难点。

难点一:时间紧。如何力争在二审裁判前将专利宣告无效。

本案一审败诉和第一次专利无效受阻,鱼跃公司在一审败诉后找到笔者，希望他们能够帮助鱼跃公司二审反败为胜。笔者接受委托的时候，距离上诉期截止只有10天左右的时间，不但要在10天内提交上诉状，还要尽可能早地提交专利无效请求，否则难以保证在二审裁判前将专利宣告无效。因此，时间紧是本案的第一大难点。

难点二：难度大。如何及时调整诉讼和无效策略，扭转一审败诉的局势。

本案一审中，鱼跃公司使用了现有技术抗辩、不侵权抗辩等多种抗辩理由，但是因为证据方面存在较大瑕疵，导致所有抗辩理由均未获得支持。第一次无效中，鱼跃公司提交的证据也有瑕疵，无效策略需要重新制定。因此，二审中如何改变诉讼和无效策略，寻求新的思路和方式，成为代理工作的重中之重。

难点三：如何利用禁止反悔原则打一场诉讼和无效的配合战。

涉案专利与被控侵权产品中存在等同的技术特征，如何利用禁止反悔原则，将二审诉讼与专利无效结合起来，打一场诉讼和无效的配合战，是本案的一大考验。

笔者及团队经过精细化代理，将上述三个难点一一解决：首先，接受委托后，团队夜以继日、争分夺秒地开始上诉及宣告无效工作，仅花了一周左右的时间就将上诉状及无效请求提交上去。其次，通过公证鱼跃公司已销售的制氧机，并结合行业内成熟的丰田管理模式，对一审证据进行补强，以充分论证产品设计中借用通用部件是惯常做法。最后，通过精心设计无效理由，使得专利权人落入“陷阱”中，作出对诉讼不利的陈述，即使无效失败，诉讼也能凭借禁止反悔原则而成功。

最终，专利被宣告无效，最高人民法院裁定撤销一审判决，驳回鬼谷子公司的起诉。

四、律师评析

本案是一件成功运用“专利无效程序”解决专利侵权纠纷问题的案例;本案能够在短时间内达成二审改判目的,与律师的专业经验和勤勉是分不开的,涉及多个程序和时间的衔接问题,无论在哪一个程序和时间的衔接出现问题,都不可能达到委托人的目的。

同时,本案运用“专利无效程序”“禁止返回原则”“侵权抗辩事由”多角度考虑解决专利侵权问题的经验还是值得分享,可以给承办类案的同行提供一点参考。

(一)在处理专利侵权案件过程中应依据实际需要灵活处理,不仅要考虑诉讼中的抗辩,更要考虑无效程序的助力,还要考虑多个抓手,多个手段齐头并进,为客户建立“双保险”甚至“三保险”

专利侵权诉讼也是一场原告、被告之间的战争,既需要全局考虑,也需要在应诉中与专利权方代理律师斗智斗勇。尤其是专利无效至关重要,专利无效理由需要精心设计。有的专利无效理由的设计,是为了引出专利权人的不利陈述,为诉讼中所用。这也印证了专利无效和专利诉讼应当由同一律师团队代理的观点,因为这样才能以统一的思路来处理无效和诉讼,才不会发生无效中的不利陈述制约诉讼的不良后果。本案在专利无效阶段,笔者顺势而为,通过精心设计无效理由,设下“陷阱”,专利权人落入“陷阱”后,作出不利陈述,作为诉讼中制胜的利器,从而为客户构建了多重保障,避免败诉的风险。

（二）二审证据补强问题，换个角度，海阔天空

经过研究发现，鱼跃公司所有型号制氧机都存在内部部件与整机型号不一致的情况，而一审败诉的关键就在于作为现有技术抗辩证据的制氧机存在内部部件与整机型号不一致的情况，导致法院认为制氧机在公证前可能被更换过内部部件，因此二审现有技术抗辩证据补强问题一度陷入了僵局。然而，跳出来思考，换个角度，就会有不同的发现——既然所有制氧机都存在这种情况，不如多公证几个制氧机，证明这种型号借用的情况是常规做法。此外，积极寻找行业内的标准、规范，以证明不同产品使用通用部件是常规做法，并将产品的生产工艺及相应的原始图纸也作为证据，准备提交，同时也准备了教科书中的制氧机相关证据予以佐证。

（三）善用“禁止反悔”原则，将诉讼与无效有机结合，制约专利权人

经过深入分析涉案专利和被控侵权产品，团队发现被控侵权产品中是节流孔，而涉案专利中则是限流阀。对此，一审判决中虽无明确认定，但显然应当是默认为等同，而非相同。为了在二审诉讼中利用禁止反悔原则制约专利权人，团队技巧性地设计了权利要求书没有以说明书为依据的无效请求理由，布下“陷阱”，一旦专利权人作出限流阀不相当于节流孔的陈述，在二审诉讼中就可通过禁止反悔原则得出被控侵权产品中节流孔与涉案专利中限流阀不等同的结论，从而进行不侵权抗辩。果真，专利权人缺乏诉讼和无效的连贯思维，落入了“陷阱”中，作出了限流阀不相当于节流孔的不利陈述，奉献了一记精彩的“乌龙球”，这一观点被我方代理团队精准抓获，也准备在二审程序中作不侵权抗辩。

综上所述，本案通过团队律师的精诚协作、精心代理，取得了最终胜

利,不但成功避免了鱼跃公司制氧机产品遭受致命打击,还彰显了法律的公平正义,以上几点思考供读者参考。

律师简介

赵成伟律师,合伙人律师、专利代理师,中北大学工学学士,美国天普大学法学硕士。曾任职盈科第一届全国知识产权法律专业委员会主任、盈科第二届全国专利法律专业委员会主任、盈科北京知识产权法律事务部主任,首批北京市首批知识产权司法委托调解员。

闫东伟律师,法律硕士,具有复合的专业背景,本科阶段取得法学和工学双学位,盈科南京高级合伙人、律师、专利代理师,盈科全国信息网络与高新技术委员会主任,盈科南京管委会副主任、知识产权与互联网法律事务部主任、青年律师工作委员会主任,南京市律协信息网络与高新技术委员会副主任,知识产权法律委员会委员,专业律师人才库成员(知识产权),江苏省版权协会中心调解员,《法治日报》首批律师专家库成员,泰州学院特聘教授(知识产权)。

2.

现有技术抗辩中“高度盖然性”证明标准的适用

——无锡市鑫润工业炉有限公司诉烟台市圣力钢绳有限公司、江苏丰华热处理科技有限公司侵害发明专利权纠纷案

李玲玉

最高人民法院(2020)最高法知民终525号

一、案情简介

无锡市鑫润工业炉有限公司(以下简称鑫润公司)是“钢丝热处理明火炉”的发明专利权利人,专利申请日为2010年3月23日,于2011年7月20日获得授权。2017年7月16日,江苏丰华热处理科技有限公司(以下简称丰华公司)与烟台市圣力钢绳有限公司(以下简称圣力公司)签订《产品购销合同》,圣力公司从丰华公司处购买被诉侵权产品,产品型号为MFQ-B,价格为170万元,圣力公司已支付该对价。

2018年2月,鑫润公司向山东省青岛市中级人民法院(以下简称原审法院)起诉请求判令圣力公司、丰华公司:(1)立即停止侵权行为,销毁侵权产品;(2)赔偿鑫润公司经济损失及合理维权费用合计100万元;(3)承担本案诉讼费用。事实与理由:圣力公司、丰华公司未经专利权人许可,擅自制造、使用涉案专利产品,损害了鑫润公司的专利权。

原审法院到圣力公司对被诉侵权产品进行了现场勘验,并对其相应技术特征与涉案专利权利要求1的技术特征进行了比对。经现场勘验比对并经原审当庭确认,被诉侵权产品具备与鑫润公司要求保护的涉案专利权利要求1的技术特征相同的全部技术特征。

丰华公司提出现有技术抗辩,现有技术为福星新材料公司(以下简称福星公司)厂房内的三台明火炉产品,并提交以下证据予以证实:

证据一:福星公司厂区内拍摄的涉案专利产品视频,证明鑫润公司于2008年已向福星公司销售涉案专利产品,产品结构与涉案产品结构完全相同。

鑫润公司质证称:真实性无法确认,关联性不认可;从形式上说,如此大的设备福星公司应有发票并应出庭作证;视频中电脑上有2008年的字样,其他没有任何与时间有关的信息,无法确认是2008年的,该证据也仅有印刷的地方与鑫润公司有关。

证据二:2008年的《金属制品》期刊明确记载鑫润公司产品已被福星公司等多家厂商广泛应用,期刊中MLQ-B型的钢丝热处理炉的照片与丰华公司提供的照片完全相同,证明鑫润公司在2008年前已向多家厂商销售涉案专利产品,涉案产品属于现有技术,不构成侵权。

鑫润公司质证称:真实性无法确认,鑫润公司是在2008年申请专利以后才开始销售，且该证据广告页上看不出与鑫润公司的涉案专利有任何关系。

原审法院认为：经比对，被诉侵权技术方案落入鑫润公司专利权的保护范围，被诉侵权产品系侵害鑫润公司专利权的产品；丰华公司现有技术抗辩的理由证据不足。一审判决：丰华公司停止侵权、赔偿鑫润公司50万元。

丰华公司不服原审判决提起上诉，最高人民法院认为：综合本案证据，适用高度盖然性标准，证据之间能够相互印证，现有技术抗辩成立。二审改判：撤销原审判决，驳回鑫润公司全部诉讼请求。

二审判决后，鑫润公司不服向最高人民法院提起再审，最高人民法院经审查驳回其再审申请。

二、原裁判内容及存在的问题

（一）原裁判内容

原审法院认为：关于丰华公司提出的现有技术抗辩。丰华公司提交的证据一系其单方拍摄，真实性难以确认，在其未能提交相应合同、发票等其他证据予以佐证的情况下，对该证据的真实性和关联性不予确认；对于证据二，其真实性予以确认，但该期刊中仅记载了鑫润公司相关产品的图片及型号，且所记载的产品中并无与本案被诉侵权产品型号MFQ-B相同型号的产品，也未记载相关产品的技术特征，无法就技术方案进行比对，故该证据的关联性原审法院不予确认。综上，丰华公司关于现有技术抗辩的理由证据不足。

原审法院判决：(1)丰华公司立即停止侵害涉案专利权的行为，即停止生产、销售侵犯涉案专利权的产品;(2)丰华公司赔偿鑫润公司经济损失及合理费用50万元。

(二)原裁判存在的问题

1. 原审法院对视听资料的认定不符合证据规定。根据《民事诉讼法》规定,人民法院对视听资料应当辨别真伪,并结合本案其他证据,审查确定能否作为认定事实的依据。丰华公司提交的视频虽系单方拍摄,但视频内容反映了拍摄全过程,可以清楚地看出福星公司明火炉产品上印有鑫润公司信息及联系方式,具有真实性;且结合证据二能够相互印证。

2. 原审法院举证责任分配错误。原审法院因丰华公司未提交销售合同、发票等证据佐证,不认可前述视频资料的真实性和关联性。但相关合同和发票系由鑫润公司和福星公司控制,丰华公司已提供初步证据证明存在上述事实,原审法院应责令鑫润公司提交,而不能仅因视频是丰华公司提供的,就片面地提高对其证据的审查标准,将举证责任分配给丰华公司。

3. 原审法院针对丰华公司提出的现有技术抗辩,未能进一步调查核实,仅以证据形式存疑为由未予采纳,适用法律不当。

三、再审(或二审)办案策略及律师工作

根据《专利法》第62条规定:“在专利侵权纠纷中,被控侵权人有证据证明其实施的技术或者设计属于现有技术或者现有设计的,不构成侵犯专利权。”该法第22条第4款规定:“本法所称现有技术,是指申请日以前在国内外为公众所知的技术。”

本案的争议焦点是丰华公司主张的现有技术抗辩能否成立,即依据

其提交的单方拍摄的三台明火炉产品视频资料，主张上述产品交付时间早于涉案专利申请日，能否构成现有技术。

因此，本案现有技术抗辩能够成立的关键在于：视频资料的真实性、明火炉产品的销售时间以及所采用的技术方案。律师办案策略具体如下：

（一）从视频资料所拍摄的客观内容出发，结合本案其他证据，确认视听资料证据的证明力

本案从拍摄画面、拍摄过程、拍摄内容、拍摄完整、未经剪辑等方面论证视频资料形式及内容的真实性，并结合证据二期刊中明确记载的鑫润公司宣称内容（鑫润公司产品已被福星公司等多家厂商广泛应用），予以印证。基于上述证明思路，法院认可我方完成初步举证责任，遂责令被告提交其在 2010 年前与福星公司的销售合同和发票等证据。

（二）用己方证据反驳己方观点，使其证明目的不能实现

二审中，鑫润公司按照法院要求，提交了该公司 2007 年、2011 年与福星公司及其关联公司签订的采购合同等证据，用于否认视频资料中的明火炉产品系该公司在涉案专利申请日前销售，并证明其曾在 2007 年将明火炉烧嘴零件销售给福星公司，故在 2008 年的期刊中将福星公司列为其客户之一。

但我方发现 2011 年签订的合同仅涉及一台明火炉产品，2007 年签订的合同虽然交易产品为明火炉烧嘴，但是根据合同中记载的“……与原成套设备一致”等内容说明两公司存在 2007 年以前进行过明火炉产品交易的可能性。

（三）通过可视化技术运用，获得法庭内心确认

在庭审中通过可视化技术的运用，将视频中拍摄的产品按照涉案权利要求记载的技术特征进行一一标记，并与鑫润公司在《金属制品》期刊中发布的照片进行对比展示等，使得技术特征能够直观地从图片上看到，进而获得法庭对产品技术特征的内心确认，并在庭后安排现场勘验。

（四）多方式审查，确认产品内部技术特征的存在

在现场勘验中，对于权利要求涉及的产品内部技术特征，由于无法通过外观观察到，且产品为大型设备需持续运行，也不便进行停运后的勘验。律师通过解释该特征的技术效果、与其他技术特征之间的关系、大众常识，以及询问福星公司技术人员等方式，确认了产品内部存在所涉技术特征，进而实现与权利要求技术特征的一一比对。

（五）以“相互印证、相互支撑、综合判断”的思路，使得证据之间相互印证达到“高度盖然性”的证明标准

在现场勘验中，福星公司无法提供与合同对应的产品说明书等技术文件，我们要证明合同与产品形成严格对应关系是非常困难的。但证明明火炉产品的销售时间在专利申请前是本案抗辩成功的关键，经过研究后，我方以“相互印证、相互支撑、综合判断”的思路获取其他类型证据，运用“高度盖然性”的证明标准实现了证明目的。

四、再审（或二审）逆转内容的裁判要旨及结果

（一）二审裁判要旨

1. 关于明火炉产品的销售时间，虽然福星公司无法提供与合同对应

的产品说明书等技术文件，以使合同与产品形成严格对应关系，但是综合在案证据，可以认定福星公司厂房内的三台明火炉产品的销售时间早于涉案专利申请日具有“高度盖然性”，具体理由如下：第一，在案证据能够形成相互印证关系，基本证明福星公司厂房内的明火炉产品的销售时间早于涉案专利申请日的事实；第二，鑫润公司未就福星公司厂房内明火炉安装时间提出相反证据或作出合理说明。

2. 在涉案专利申请日前，鑫润公司已经向福星公司公开销售明火炉产品，且该明火炉产品与被诉落入涉案专利权利要求 1 保护范围的全部技术特征相同，丰华公司的现有技术抗辩成立。

（二）裁判结果

判决：（1）撤销山东省青岛市中级人民法院（2018）鲁 02 民初 203 号民事判决；（2）驳回鑫润公司的全部诉讼请求。

五、律师评析

（一）典型意义

现有技术抗辩是专利侵权诉讼中的抗辩难点，需要同时在时间点和技术方案上找到有力的抗辩证据。但由于（用于证明现有技术的）产品一般存放于他处、合同发票等相关证据被他方所控制、时间过长证据没保存等问题的存在，使得证据获取难度较大、证据存在较大瑕疵、证据效力得到确认比较困难，尤其是产品存在时间早于专利申请日的证明难度大，导致现有技术抗辩成功率始终较低。

本案是以实物主张现有技术抗辩成功的二审改判案件，且经最高人民法院再审程序最终确认。最高人民法院在认定现有技术是否成立、产品内部技术特征是否存在,尤其是产品销售时间是否早于专利申请日的问题上,以高度盖然性的民事诉讼证明标准,综合本案基础事实与推定事实,通过证据之间的相互印证,确信了待证事实的存在具有高度可能性。在司法实践中,"高度盖然性"证明标准要求很高,本案明确了"高度盖然性"的裁判标准,为准确理解和适用"高度盖然性"标准提供了依据,对同类问题的处理具有十分重要的指导意义。

(二)法律评析

1. 本案对现有技术抗辩中产品内部技术特征的确认方法。针对权利要求中涉及产品的内部技术特征,在具体确认时,可从技术特征本身实现的效果出发,结合是否为现有技术采纳,以及技术人员确认等方式进行认定。

2. 本案明确现有技术抗辩中"高度盖然性"证明标准的认定思路。在二审中,双方对于在先产品的销售时间是否早于涉案专利申请日产生了很大争议,但由于产品销售时间已长达10年,难以获取销售合同、技术协议等能够严格对应的资料时,最高人民法院明确,综合在案证据,可以认定福星公司厂房内的三台明火炉产品的销售时间早于涉案专利申请日具有"高度盖然性",并具体阐述了具有"高度盖然性"的理由。

笔者结合法院认为部分,对高度盖然性标准的推定过程和适用规则梳理如下。(1)高度盖然性标准推定过程应当包括:具备确定的基础事实、基础事实和待证事实之间存在必然联系、不存在可推翻推定事实的反证。(2)适用高度盖然性证明标准,应排除主观因素干扰,坚持"规则法定"原则,即依据证据规则在内的各类民事诉讼规则作出合法判断。具体到本案的分析:

第一，具备确定的基础事实。本案具有视听资料、在先期刊、在先产品标注的厂家及电话信息、相关销售合同及发票等在案证据，具备确定的基础事实。针对三台明火炉产品，福星公司提供了两份产品购销合同及对应的增值税专用发票，销售方均为鑫润公司，但福星公司无法提供与合同对应的产品说明书等技术文件，以使合同与产品形成严格对应关系。因此不能直接认定福星公司明火炉产品的时间，存在进行事实推定的必要。

第二，坚持“规则法定”原则，基础事实与推定事实之间具有高度的逻辑联系。首先，鑫润公司在 2008 年（早于涉案专利申请日）的《金属制品》期刊中宣称其产品已被福星公司等多家公司广泛应用。其次，鑫润公司提交的 2007 年明火炉烧嘴合同中记载的“……与原成套设备一致”的内容可以证明该公司与福星公司以前存在成套产品交易的较大可能性。再次，福星公司系鑫润公司客户，没有证据证明福星公司与丰华公司存在合作关系，因此，福星公司两位员工的陈述具有一定的可靠性。又次，王某某“其中两台是 2006 年安装”的述称，与段某某“有两台明火炉产品是 2008 年前安装”的述称并无实质矛盾。最后，上述福星公司的证人证言与该公司提交的相关产品购销合同及对应的增值税专用发票、明火炉控制室操作柜中部分部件实际标注的生产日期等能够形成相互佐证的关系。因此，在案证据能够形成相互印证关系，基本证明福星公司厂房内的明火炉产品的销售时间早于涉案专利申请日的事实。

第三，不存在可推翻推定事实的反证。本案鑫润公司虽然否认上述产品系其销售给福星公司，但未举示相关反证证明其主张。鑫润公司作为销售方，理应持有相关销售合同证据，更应清楚福星公司厂房内产品的具体安装时间,且仅简单否认相关销售及安装时间,并未提供相应直接证据支持。

综上,最高人民法院依据高度盖然性标准认定在涉案专利申请日前,鑫润公司已经向福星公司公开销售明火炉产品,丰华公司的现有技术抗辩成立。

律师简介

李玲玉律师,法学硕士,兼具律师和专利代理师执业资格。曾担任南京市建邺区法律服务产业园规划方案起草人,多次获得“盈科全国年度知识产权优秀律师”“盈科南京年度律政巾帼”称号。

3.

专利侵权行为主体多方性利用及专利“制造”侵权认定

——宁波太极环保设备有限公司诉湖北中冶环境工程有限公司、广西凯玺有色金属有限公司侵害发明专利权纠纷案

李兆岭

最高人民法院(2021)最高法知民终166号

一、案情简介

本案涉及被诉侵权产品为宁波太极环保设备有限公司(以下简称专利权方)的烟气净化环保设备。侵权方为制造方湖北中冶环境工程有限公司(以下简称制造侵权方)和使用方广西凯玺有色金属有限公司(以下简称使用侵权方)。使用侵权方为金属冶炼企业,在废弃物结合利用项目中,为了满足环保要求,使用制造侵权方提供的4台环保设备对生产过程产生的烟气进行净化。根据双方协议,制造侵权方负责设备安装、调试,

并应按照国家及行业标准确认安装质量,并对设备的最终状态进行确认,合格后方可进行试车。协议另约定,制造侵权方在合同签订后 3 天内提供总图、基础图,使用侵权方有权在设备制造过程中进行监造。项目竣工后生产过程中,虽然 4 台环保设备可以正常运转,但项目大气污染物排放却超出工业污染物排放标准(最高超标数为 1.07 倍)。环保部分根据《大气污染防治法》第 18 条规定对使用侵权方进行了处罚,要求缴纳罚款,并责令使用侵权方停产整治。

事后,使用侵权方与制造侵权方沟通,并对 4 台环保设备中的 2 台进行改造,利用传统技术对烟气进行净化,但对另外 2 台环保设备保持原样,未予以改动。

专利权方发现使用侵权方使用的设备落入涉案专利权保护范围,属于侵权设备,进而将使用侵权方起诉到法院,要求承担侵权责任。收到法院应诉材料之后,使用侵权方向法院提交了其与制造侵权方双方签订的购销合同及相关的技术协议,证明对于被诉侵权设备,使用侵权方具有合理来源,并支付了合理对价,以免除赔偿损失的侵权责任。

根据使用侵权方提供的证据,本案专利权方将制造侵权方追加为被告之一,并请求二者承担侵权责任。

二、原裁判内容及存在的问题

由于本案被诉侵权设备属于大型、无法移动烟气净化反应塔,且位于使用侵权方的生产经营场所中,无法在庭审中展现和对比,在原审程序中,经过使用侵权方的同意,原审法院组织专利权方、使用侵权方和制造侵权方对位于使用侵权方经营场所中的被诉侵权设备进行了现场勘验,并根据现场勘验情况制作勘查笔录。现场勘验过程中，由于使用侵权方及制造侵权方均表示4台被诉侵权设备结构相同，因此，原审法院仅针对了4台被诉侵权设备的外围进行了拍照、测量等勘查；并打开其中2台被诉侵权设备的修改孔，对其内部构造进行查验和测量；现场勘验过程中，打开维修孔的2台被诉侵权设备内部的结构相同。勘验过程中，还对被诉侵权设备的外部轮廓与数量进行了确定。基于查验确定的内容，原审法院还组织各方对被诉侵权产品的工作原理及实施方案进行了明确，要求专利权方确定其主张的具体专利权利要求，并就被诉侵权设备采用技术方案与涉案专利权利要求保护技术方案进行比对，组织各方发表意见。

然而，在原审法院开庭审理过程中，使用侵权方又提出，制造侵权方提供的4台被诉侵权设备中，由于环保未达标，制造侵权方就其中的2台被诉侵权设备进行了改造，改造后使用传统的烟气净化技术方案。而未打开查验的2台被诉侵权设备就是被改造后的被诉侵权设备。且改造后设备应用现有技术，未落入涉案专利权的保护范围。

在原审程序中，使用侵权方和制造侵权方提出不同的主张。使用侵权方主张被诉侵权产品由制造侵权方提供，具有合理来源，依法不应当承担赔偿责任。制造侵权方主张使用侵权方参与了被诉侵权设备的设计制造。对于制造侵权方的主张，由于制造侵权方没有提交证据予以证明，原审法院未予以采纳。对于使用侵权方合理来源抗辩主张，原审法院认为：使用侵权方通过合法的方式向制造侵权方购买被诉侵权设备，在案证据未显示该购买价格明显低于市场合理价格，也未显示使用侵权方明知被诉侵权设备属于涉案专利产品但仍购买和使用，因此，认可使用侵权方提出的合法来源抗辩理由。

综上，原审法院作出原审判决，认定的内容包括：(1)使用侵权方的合法来源抗辩成立，免于承担赔偿经济损失的责任。(2)经现场查看及庭审确认，现场有4台塔体设备，其中两台脱硫塔即本案被诉侵权产品，该两台脱硫塔的结构相同。经现场勘查和测量……(3)使用侵权方提交的行政处罚书等，涉及使用被诉侵权设备过程中因超标排放大气污染物受到行政处罚的情况，该内容与本案诉争问题无关。

专利权方对原审判决认定的被诉侵权设备的数量及赔偿数额不服，专利权方认为，侵权产品认定应当根据“全面覆盖”原则确定，侵权产品再现权利要求所有技术特征，就属于实施专利权的行为，应当认定为制造侵权行为，相关产品为侵权产品。为此，专利权方上诉到二审法院。

三、二审办案策略及律师工作

二审程序中，代理律师认为：原审判决对专利“制造”侵权理解有误，在专利保护技术方案为产品的情形下，专利权保护技术方案完整形成于被诉侵权产品中，就属于“制造”侵权行为的完成，侵权行为完成就应当承担侵权责任；被诉侵权产品形成后的变动、改造不应当影响侵权行为认定。代理律师也意识到，虽然提出重新勘验的申请，但在二审程序中重新进行现场勘验的可能性较低；被诉侵权设备被改造的过程证明成本过高，且不具有可靠性，难以还原和证明；赔偿额度过低，难以证实或证伪，这些因素形成本案二审改判的困难与障碍。

基于对困难与障碍的分析，代理律师确定如下策略并开展工作：

1.积极寻求有利因素。基于制造侵权方与使用侵权方承担的法律责任不同，努力通过使用侵权方获得有利信息，通过使用侵权方的陈述，获取有力的支持。

2. 全方面支持重点，充分利用逻辑力量证实被诉侵权设备数量。深入挖掘有利信息，从侵权设备场景、使用侵权方由于排放超标承担的行政责任、原审现场勘验笔录及原审开庭笔录全面挖掘有利信息，使得被诉侵权设备数量获得全方面、立体性支持。

3. 根据专利侵权“全面覆盖”原则，对于专利侵权的制造行为进行针对性研究，提出在侵权设备中全面再现权利要求要求的所有技术特征，即构成“制造”侵权，相应的设备就应当认定为侵权设备，并应当在侵权责任认定时予以考虑。

4. 对于赔偿额度过低的判决，充分利用新证据。在二审程序中提交专利权方实际交易情况及实际履行的证据，积极证明专利权方由于侵权方的侵权行为所遭受的侵权损失。

四、二审逆转内容的裁判要旨及结果

二审程序中，制造侵权方主张现有技术抗辩，还主张被诉侵权设备采用的技术方案相对于涉案专利权利要求增加了若干技术特征。对此，二审法院认为：制造侵权方提供的证据不能证明被诉侵权设备采用了现有技术；被诉侵权设备采用的技术方案已经包含了涉案专利权利要求记载的全部技术特征相同的技术特征，应当认定其落入专利权的保护范围；被诉侵权设备是否增加技术特征不影响其是否落入涉案专利保护范围的认定。故制造侵权方的主张不成立。

二审法院审理后认为：关于被诉侵权设备的数量，结合技术协议的内容、原审现场勘验笔录的记载，同时考虑使用侵权方及制造侵权方的陈述,确定被改造后设备改造前与其他两台未改造的侵权设备相同,均包括权利要求的所有技术特征,均应当确定被诉侵权设备为4台。

同时,对于原审判决赔偿额度过低的情形,除了考虑被诉侵权设备的数量之后,还考虑其他因素予以调整,并全额支持了专利权方为制止侵权所支付的合理开支。

二审法院认定,虽然改造后的设备未落入涉案专利权保护范围,但可以确认改造前4台被诉侵权设备的技术方案是一致的,因此,可以确定被诉侵权设备为4台。原审判决认定的侵权设备数量有误,依法予以纠正。鉴于被诉侵权设备为4台,结合涉案专利的类型、侵权行为的性质、主观过错、侵权后果等因素的考虑,原审判决酌定的损失赔偿数额过低,二审法院对赔偿数额进行了调整。

判决结果:撤销原审判决错误判项,依法变更赔偿数额。

五、律师评析

1. 专利侵权案件,要把握案件特点,善于抓住有利条件。由于涉及专利不同,技术领域不同,行业及产业不同,专利侵权行为也呈现多样化。按实施专利的具体方式,专利侵权行为涉及侵权产品的制造(制造侵权)、侵权产品的许诺销售(许诺销售侵权)、侵权产品的销售(销售侵权)、侵权产品的使用(使用侵权)、侵权产品的进口(进口侵权)等具体行为。按专利侵权行为实施中地位和作用,专利侵权行为除了直接侵权之外,还可能涉及帮助侵权、教唆侵权等间接侵权行为。在实际案件中,由于专利侵权行为同时属于一种市场经营行为,涉及侵权产品所属行业、产业链分工协作程度的不同,具体的侵权行为状态及侵权产品的状态也可能以动态的方式出现，比如在侵权产品结构或生产工艺复杂的情形下，“制造”行为本身可能涉及多个主体，如在建筑设施侵权中，就可能涉及发包方、承建方、施工方等多个主体。

专利侵权对比主要是将专利权保护的技术方案与被诉侵权产品采用的技术方案进行对比，并判断技术特征之间关系（相同或等同），以确定被诉侵权产品是否落入专利权的保护范围。专利权保护的技术方案是以专利文件为基础确定，但涉及的被诉侵权产品存在的形态却是多种多样的，尺寸有大有小，可以是数十米、数百米的高楼建筑，可以是小巧的工具器物；数量有多有少，可以是无以胜数的日常用品，也可以是定制无二的特种设备；有些侵权产品小巧便携可以在法庭中展示，有些侵权产品固定、不可移动或笨重，可能无法或者不方便在法庭上展示，需要通过公证及现场勘验方式固定或确定。

基于侵权行为主体的多方性及侵权产品的多样性，且侵权行为实施本身就具有持续性、连续性及多样性，在专利侵权纠纷中，对于专利权方而言，启动专利侵权诉讼，要经历发现侵权行为、搜集和固定证据、起诉、审理等一系列的过程。在侵权行为较为隐蔽、侵权产品难以被发现的情形下，从侵权行为实施到专利权人发现侵权证据，再到起诉审查过程中进行侵权对比，可能会经历很长时间。在实际案件处理过程中，侵权产品的存在方式也可能千差万别，有的可能在制造过程中，有的可能未运行，有的在运行过程中，有的已经被改造或改变，还有的已经报废。特别是在侵权产品为大型、不可移动的生产设备时，在发现侵权行为并固定侵权证据之前，侵权产品的状态可能会产生很多变化，或被改造，或被替换，或被淘汰等，这就导致在专利侵权诉讼中存在如何认定侵权产品、如何确定侵权产品数量的问题。

如在涉及被诉侵权设备较大、不可移动设备的案件中，往往涉及制造侵权方、销售侵权方及使用侵权方；在涉及建筑工程项目案件中，可能会涉及建设方、招标方、投标方、施工方……制造侵权方、销售侵权方、使用侵权方具有不同的表现形式，而且根据专利法律法规，制造侵权方、销售侵权方、使用侵权方在专利侵权行为中具有不同的法律地位，导致其承担侵权责任的方式也存在较大的差异。其中，对于销售侵权方或使用侵权方能够证明被诉侵权产品合理来源，可以免除赔偿经济损失的责任，进而使得销售侵权方或使用侵权方有动力提供被诉侵权产品的来源证据；而产品来源证据就能够证明制造侵权方的行为及侵权产品的数量，这样就可以为专利权方获得制造侵权方的证据提供有利条件。因此，在专利侵权案件存在多方主体的情况下，可以利用该规则获得有利证据。

2. 在专利侵权对比中，全面覆盖原则是专利侵权认定的基本原则。根据《最高人民法院关于审理侵犯专利权纠纷案件应用法律若干问题的解释》（法释〔2009〕21 号）规定，在侵权对比中，需要将涉及专利权利要求的全部技术特征和被诉侵权技术方案的技术特征进行一一对比，如果被诉侵权技术方案的技术特征与涉及权利要求的技术特征相同或者等同，应当认定其落入专利权的保护范围；相反的情况，如果被诉侵权技术方案缺少权利要求记载的一个以上的技术特征，或者有一个以上技术特征不相同也不等同的，人民法院应当认定其没有落入专利权的保护范围，即在专利侵权对比中，要遵循全面覆盖原则。通俗来讲，按全面覆盖原则，如果被控侵权产品包含了专利权利要求中记载的全部技术特征，则落入专利权的保护范围。从技术意义上讲，被控侵权产品将专利权利要求中的全部技术特征以相同的方式再现，或以等同的方式再现，就满足全面覆盖的原则。侵犯专利权的行为就是在生产经营过程中，实施专利权保护技术方案。在专利侵权诉讼中，在证据能够证明被诉侵权技术包括专利权保护技术方案的所有技术特征时，就属于在经营中再现了权利要求保护的技术，应当认定落入该权利要求的保护范围之中。

在权利要求技术特征重现在被诉侵权设备之后，被诉侵权设备的变化（改造、修改、报废等）不影响其“制造”侵权行为的实施，应当认定构成“制造”侵权。同时，被诉侵权产品一般包括无限的技术细节，一般情况下其包括的技术特征会“多于”相应专利权权利要求保护技术方案的技术特征，因此，依据全面覆盖原则对专利侵权认定，而不应当考虑被诉侵权产品状态或形态的变化。

作为本案代理律师，还了解到，制造侵权方针对涉案专利提出了无效宣告请求，并就本案二审判决申请再审，但其主张均未被采纳，国家知识产权局维持专利权有效，再审程序中，最高人民法院也驳回制造侵权方的再审请求。

律师简介

李兆岭，北京市盈科律师事务所律师，专利代理师，现任盈科北京知识产权法律事务部（二部）执行主任。

4.

专利说明书可帮助解释，但不应限制权利要求

——王某某诉国家知识产权局专利无效行政纠纷案

李兆岭

最高人民法院(2020)最高法知行终57号

一、案情简介

本案为专利无效行政案件,涉及权利要求书和说明书关系的认定。权利要求书和说明书均是专利申请文件的重要组成部分。

涉案专利涉及一种用于净化工业废气的新型喷淋设备。喷淋设备的基本原理为:使喷淋液和待净化废气进行接触和混合,进而使喷淋液吸收废气中有害污染物,实现废气净化。

涉案专利的目的在于提供一种新型喷淋设备,能够延长废气在塔体内的时间和路径,使喷淋液与废气充分接触,提高净化效率。

涉案专利权利要求限定的设备包括外围的塔体,塔体内部上方设置有喷淋装置,使喷淋液自上而下喷淋,并使废气自下而上移动,重要改进点或争议技术特征为“塔体内壁上设有可使塔体内径发生变化的凸起”;其中,从属权利要求4、5、6、7和9对“凸起”进一步限定为“均布于塔体内壁”“交错分布于塔体内壁”“呈螺旋状分布于塔体内壁”“截面形状为波浪形”“凸起(8)与内壁接触的面上的任意两点连线的最大距离是塔体(1)内径的0.2~0.8倍”,说明书具体实施例也进行了类似的描述。同时,说明书还描述了凸起其他实施例可以为半球状、三角形等其他形状;说明书明确说明,涉案专利不受实施例限制,实施例仅用于说明原理。

说明书部分对技术效果的描述大致为:在塔体内壁上设置凸起,能够延长废气在塔体内的运动路径及停留时间,同时该凸起能够改变废气在塔体内的流速和流向,使喷淋液与废气能够充分接触,提高净化效率。

王某某认为涉案专利不符合专利法规定,一方面认为权利要求9[“凸起(8)与内壁接触的面上的任意两点连线的最大距离是塔体(1)内径的0.2~0.8倍”]的附加技术特征无法理解,导致权利要求9保护范围不清楚;另一方面认为涉案专利权利要求不具有创造性,并提供12份专利文献作为现有技术证据。其中,证据二涉及一种同时进行脱硫和脱硝的烟气处理装置,证据二的技术领域与涉案专利的技术领域相同。证据二的公开装置包括对降过温的烟气进行脱硫脱硝的吸收塔1,吸收塔1包括壳体101、设置在壳体101内的喷淋装置102,以自上而下喷淋液体;在壳体101的顶端设置有烟气出口104,在壳体101底部设置有烟气进口103,以使烟气自下而上运动。壳体101内侧壁上设置有引导烟气上升的螺旋型盘道107。并认为证据二的螺旋型盘道107的功能和效果与涉案专利中

“凸起”的功能和效果相同；同时，还认为证据一的“锥形圈”、证据八的“聚齐环4－7”、证据九的“水平折流板8”、证据十的“导流板5”、证据十一的“挡板10”的功能和作用均与涉案专利的“凸起”相同。

本案主要涉及的争议点为：权利要求中“凸起”术语的解释与理解，基于对“凸起”术语的解释与理解，影响对权利要求创造性的认定。

二、原裁判内容及存在的问题

本案涉及前置的无效宣告请求程序。在国家知识产权局做出的第一次无效审查请求决定书（被诉决定）认为：在判断权利要求的保护范围是否清楚时，应当站位于本领域技术人员的角度来判断，按照本领域技术人员对于“凸起”的通常理解，其应为呈点状离散分布于塔体内壁不同位置且相对于塔体内壁径向突出的部分；同时认为：涉案专利说明书中也记载了各凸起可均布、交错或呈螺旋状分布于塔体内壁上，且每个凸起的高度可以与塔体内壁接触面上任意两点连线的最大距离均相同或不全部相同。在判断权利要求是否满足创造性时，基于对“凸起”术语的上述解释，认为：证据二的螺旋型盘道呈螺旋状连续分布于塔体内壁上，上升烟气的微小尘粒在被喷淋装置喷出的水雾淋湿后，能够在螺旋型盘道的旋流作用下产生离心力而与烟气分离，其与涉案专利的凸起在结构和作用上均不相同，因此，证据二未公开涉案专利中的“凸起”。并认为，证据一的“锥形圈”、证据八的“聚气环4－7”、证据九的“水平折流板8”、证据十的“导流板5”、证据十一的“挡板10”与涉案专利中的“凸起”的结构不同。最终认定涉案专利具有创造性，维持专利权有效。

无效请求人不服被诉决定，向原审法院提出行政诉讼，要求撤销该无效宣告请求决定书，并判决国家知识产权局重新做出无效宣告请求决定书。

原审程序中，对于权利要求是否清楚的问题，原审法院认为：涉案专利的目的在于提出一种新型喷淋设备，能够延长废气在塔体内的时间与运动路径，使喷淋液与废气充分接触，提高了净化效率。涉案专利在塔体内壁上设有可使塔体内径发生变化的凸起，凸起可均布、交错或呈螺旋状分布于塔体内壁上。本领域技术人员能够理解“凸起的高度”意为“凸起相对于塔体内壁径向突出部分的最大距离”，“凸起与内壁接触的面上的任意两点连线的最大距离”意为“凸起与塔体内壁接触面上两点间的最大距离”。“凸起的高度”及“凸起与内壁接触的面上的任意两点连线的最大距离”均是对凸起的尺寸进行限定，从而使凸起既能够起到延长废气在塔体内的时间与运动路径的作用，又不至于因凸起过大而阻塞塔体内腔，因此，本领域技术人员能够理解“凸起”意义为“呈点状不连续地分布于塔体内壁不同位置且相对于塔体内壁径向突出的部分”，涉案专利相应的权利要求保护范围清楚，符合《专利法》第 26 条第 4 款的规定。

对于权利要求创造性的问题，基于上述对“凸起”术语的解释，原审法院认为，虽然证据一中“锥形圈”改变了反应器的直径，改变了气流的流速和方向，但“锥形圈”与涉案专利“凸起”结构不同。而且，证据二的“螺旋型盘道 107”呈螺旋状连续分布于塔体内壁上，上升烟气的微小尘粒在被喷淋装置 102 喷出的水雾淋湿后，能够在螺旋型盘道 107 的旋流作用下产生离心力而与烟气分离，其与涉案专利的权利要求 1 中的“凸起”在结构和作用上均不相同；证据八的“聚气环 4 – 7”、证据九的“水平折流板 8”、证据十的“导流板 5”、证据十一的“挡板 10”均与涉案专利中的“凸起”的结构不同,现有技术未公开涉案专利权利要求1中“凸起”结构。最终,原审法院判决驳回原告诉讼请求。

原告不服原审判决,并提起上诉。

三、二审办案策略及律师工作

基于本案的情形,代理律师对原审判决进行了复盘和推演,总结原审法院未予以支持的原因,总体认为:本案核心问题在于对涉案专利技术特征的理解,如果能够正确理解涉案专利技术特征,就能够纠正对创造性判断的错误。

基于上述分析,认为本案上诉获得支持的困难与障碍在于:(1)技术描述的抽象性形成对技术事实理解的障碍;(2)权利要求附加技术特征、无效程序证据多样性导致涉及信息的繁琐,也形成对案件事实理解的障碍。

基于对困难与障碍的分析,代理律师确定如下策略并开展工作:(1)突出重点,在本案过程中单纯就争议焦点(“凸起”意义的解释)陈述主张,就说明书与权利要求之间关系充分陈述主张;同时,放弃其他有利但不重要的主张。(2)充分利用新证据的心证作用,积极提供证据。虽然在行政诉讼中新提交的证据可能不会被采纳,但仍然会存在澄清事实、展现案件事实的作用。(3)通过图形直观表达事实,形成强烈逻辑力量与视觉冲击力量,以更清楚展示技术事实。

四、二审逆转内容的裁判要旨及结果

经过努力,二审法院认为:被诉决定和原审判决将“凸起”限定为“呈点状离散分布于塔体内壁不同位置”缺乏依据，且与涉案专利说明书和附图的具体描述不符。

二审法院认为，《最高人民法院关于审理专利授权确权行政案件适用法律若干问题的规定(一)》第2条第1款规定：“人民法院应当以所属技术领域的技术人员在阅读权利要求书、说明书及附图后所理解的通常含义，界定权利要求的用语。权利要求的用语在说明书及附图中有明确定义或者说明的，按照其界定。”故对于权利要求的解释，在专利对其术语没有明确定义说明的情况下，应以所属领域技术人员的通常理解进行。二审法院同时强调：“说明书和附图可用于帮助理解权利要求的内容，但不能以此限定权利要求。”

对于本案，二审法院认为：首先，从通常理解来看，并无合理依据足以认为所属领域技术人员广泛知晓并认同且被广泛使用的“凸起”概念，要求其具备“点状”和“离散”特征。其次，从背景技术对涉案专利的影响来看，涉案专利说明书背景技术未提出以塔体内壁上的径向突出部件延长废气在塔体内时间和运动路径的技术方案，而仅涉及气体通过连接板的排气孔向上进入塔体的技术内容。故没有依据据此认定涉案专利的“凸起”与涉案专利背景技术的板状结构之间关系如何。换言之，即不足以认定涉案专利的“凸起”排除了板状结构。再次，从权利要求保护范围与说明书实施例的关系来看，涉案专利说明书对于发明内容的说明中未对“凸起”进行额外限定，而仅在实施例中有相关“凸起的高度及凸起与塔体内部接触的面上的任意两点连线最大距离为塔体内径0.2~0.8倍”“凸起与塔体内壁为光顺连接”的记载。虽然实施例1~4中所给出的具有前述共同特征的“凸起”可解读为被诉决定所认定的“点状、离散分布于塔体内壁不同位置且相对于塔体内壁径向突出的部分”，但涉案专利说明书亦明确说明，涉案专利不受上述实施方式的限制，上述实施例仅用于说明原理。被诉决定以个别实施例来限定权利要求的内容，系不当缩小了涉案专利权利要求的保护范围。最后，从专利说明书对于术语的解释来看，涉案专利说明书明确凸起的截面可为波浪状、半球状或三角形等其他形状，也就是说，说明书明确不限定凸起的形状，片状也在其技术方案涵盖之内，故将“凸起”解释为“点状”是错误的。说明书亦未明确限定不同“凸起”之间是否连续，从实施例5提出螺旋结构分布的“凸起”能使废气上下路径增加、更好实现发明目的来看，解释为“离散”也没有依据。因此，被诉决定对“凸起”所作解释，与涉案专利说明书所提技术方案中凸起的结构和分布不符。

二审判决结果：撤销一审判决和被诉决定，判决国家知识产权局重新作出无效宣告决定。

另外，再补充一下，基于本案二审判决，国家知识产权局重新组成了合议组，并就本案进行了重新审理，并作出无效宣告审查决定；重新作出的无效宣告审查决定，不仅依据二审判决宣告涉案专利权利要求1不符合创造性，而且认定其从属权利要求也不符合创造性，进而宣告涉案专利的全部权利要求均无效。

五、律师评析

一般来讲，权利要求书具有较强的法律属性，其主要作用是确定专利权的保护范围。说明书具有较强的技术属性，其主要作用在于公开技术方案，使本领域的技术人员能够实施相应技术，进而促进整个社会的技术进步。但不管是在专利侵权纠纷中，还是在专利确权及专利授权纠纷中，大多需要确定权利要求的保护范围。由于权利要求是以抽象文字为载体的，因此要确定权利要求的保护范围，就涉及对权利要求的具体内容进行解释，涉及权利要求具体术语的理解。对权利要求进行解释，就无法脱离专利说明书，无法脱离说明书对具体实施方式的描述（在说明书有附图的情况下，还要参考附图内容）。因此，正确理解说明书（包括附图）与权利要求书之间的关系，合理确定权利要求的保护范围是解决各种专利纠纷的重要内容。

基于专利制度“中心限定原则”和“周边限定原则”分别存在的不足，中国专利法基于“中心+周边限定原则”对权利要求书和说明书的关系进行了明确的规定，权利要求是专利保护范围的依据，说明书（包括附图）可以用来解释权利要求。依据该规定，用说明书解释权利要求书，是不是可以认为：说明书可以限制权利要求的范围呢？

本案明确了解释权利要求时，说明书的定位及作用，并明确说明书不可限制权利要求，通俗来讲，在专利文件中，权利要求保护技术方案来源于说明书（权利要求要获得说明书的支持），但权利要求限定的技术方案又高于说明书具体实施方式（说明书不得限制权利要求），具体可以包括如下几层意义：

1. 解释权利要求时，说明书（包括附图）可用于帮助理解权利要求，具体确定权利要求应用术语的意义，确定具体技术特征的功能和作用等。基于权利要求包括产品权利要求和方法权利要求，通常情况下，产品权利要求尽量用结构特征进行限定，只在特殊情况下，才考虑使用功能或者效果特征进行限定；而方法权利要求通常用工艺过程、操作条件、步骤或者流程等技术特征进行描述，只在特定情况下，才会采用产品的方式进行限定。另外，《专利法》还规定，权利要求要保持“简要”。因此，在解释权利要求的具体术语或技术特征时，仅基于权利要求本身可能很难理解其具体意义、具体的功能作用，进而，需要说明书来帮助理解权利要求书。当然，“可用于帮助理解权利要求书”包括“不用于……”的意思，即对于本领域技术人员来讲，在权利要求限定术语的意义已经很清楚，就不需要利用说明书来帮助理解权利要求书。

2. 说明书不得限制权利要求，权利要求保护范围以权利要求的内容为准，并不以说明书的具体描述为准。利用说明书帮助理解权利要求书时，应当注意，确定权利要求应用术语的意义，确定具体技术特征的功能和作用时，不应当改变权利要求限定的技术方案。通俗来讲，权利要求限定的技术方案由技术特征组成，利用说明书解释权利要求书时，不应当改变权利要求限定的技术方案，不能增加利要求限定技术方案的技术特征，当然也不能减少权利要求限定技术方案的技术特征。

3. 权利要求限定的内容不限于说明书描述的内容，其具体的意义还需要从所属领域技术人员角度、从背景技术对涉案专利的影响、从权利要求保护范围与说明书实施例的关系、从专利说明书对于术语的解释合理等方面确定。基于这些因素的考量，专利申请文件中，对背景技术的描述、说明书的具体描述对于解释权利要求具有直接的影响。代理律师认为，权利要求书与说明书的关系可以通过“演绎”和“归纳”两种思维方式进行解释。权利要求书可以视为对说明书具体实施方式的归纳，而权利要求书解释属于基于权利要求限定内容的演绎，演绎的范围当然不应当作为归纳基础的说明书。

基于执业经验，代理律师认为：权利要求是文字限定的技术方案，具有抽象性，其范围、内涵或意义也并不是固定不变的；简言之，权利要求并不是一个固定的，可以预见的框架。在授权或确权程序中，针对现有技术不同，需要讨论现有技术的技术特征与涉案专利权利要求技术特征的对应性；在侵权程序中，针对不同的具体侵权产品，权利要求技术特征与侵权产品技术特征的对应性，也需要从多个角度进行分析与权衡。因此，在专利案件中，对权利要求解释和理解，就是要对权利要求进行“拉伸”，以确定与现有技术或侵权产品的关系。本案二审判决就对这种“拉伸”的范围进行了有益的探讨，值得参考。

律师简介

李兆岭，北京市盈科律师事务所律师，专利代理师，现任盈科北京知识产权法律事务部(二部)执行主任。

5.

专利权权属纠纷的被告不能遗漏共同发明人

——深圳市驰卡技术有限公司等与深圳市创自技术有限公司专利权权属纠纷再审案

王承恩　许国兴

最高人民法院(2019)最高法民再132号

一、案情简介

余某2010年9月入职深圳市创自技术有限公司(以下简称创自公司),双方签署了《劳动聘用合同》。余某前期任职结构工程师,参与了某纸币识别器项目。2012年年中,余某转任工程部经理,并于2013年5月从创自公司离职。离职时,余某与创自公司签订了《离职协议》和《保密与竞业限制协议》。

深圳市驰卡技术有限公司(以下简称驰卡公司)成立于2011年12月。2013年10月29日,以驰卡公司为申请人,余某、温某为发明人,申请了名称为“纸币识别装置”的实用新型专利（专利号为ZL20132067×××××.3，以下简称涉案专利），授权公告日为2014年4月30日。

根据涉案专利的权利说明书背景技术的记载，涉案专利所要解决的技术问题是如何防止在待机状态时，灰尘从纸币入口处进入纸币识别器内部而影响识别器正常使用和识别精度。该实用新型专利公开了一种纸币识别装置，包括主体和设置在主体的入钞口的前面板，前面板上设置有纸币入口，前面板包括上入口面板和下入口面板，纸币入口由上入口面板和下入口面板构成，下入口面板相对主体的侧面，设有防尘部和驱动防尘部相对所处纸币入口方向往返运动的驱动部，下入口面板对应防尘部运动方向处设有供防尘部通过的通槽；或者上入口面板相对主体的侧面，设有防尘部和驱动防尘部相对所处纸币入口方向往返运动的驱动部，上入口面板对应防尘部运动方向处设有供防尘部通过的通槽；达到了该纸币识别装置具备防尘挡门的目的，减少了人工对机器的清洁次数，节约了人力成本。

涉案专利的共同发明人温某系第一发明人，早在2008年8月20日，温某就作为发明人申请了“一种具有双防护门的电动卡片读写器”的实用新型专利，并于2009年12月16日获得授权（专利号：ZL 200820188866.X），该实用新型专利涉及的技术方案就包括防尘防异物的功能。温某作为发明人的另外几项专利也与诉争专利存在一定的技术联系。

创自公司以驰卡公司和余某作为被告，以专利权权属纠纷的案由，向法院起诉，要求法院依据《专利法》第6条和《专利法实施细则》第12条，判决涉案专利归属于创自公司。

二、原裁判内容及存在的问题

一审法院认为专利权属纠纷的争议焦点为诉争专利是否属于职务发明,并从三个方面进行分析:

第一,余某2013年5月7日从创自公司离职,2013年10月29日向国家知识产权局申请了诉争专利,诉争专利是在余某和创自公司人事关系终止后1年内作出的。余某、驰卡公司抗辩称人事关系终结的时间起算点应当以余某2012年年中在创自公司转任工程部经理起计算,但一审法院认为该抗辩主张与法律规定明显不符,不予采纳。

第二,诉争专利是否与余某在原单位承担的本职工作或者原单位分配的任务有关。员工离职后作出发明创造专利权利归属,关乎发明人、企业和社会公众的三方利益,如何合理界定"本职工作"或者"单位分配任务"的范围,是一个知识产权平衡保护的问题。《专利法实施细则》第12条第3款中对离职员工申请专利的限制,本质上是为了避免离职员工将本来是执行本单位的工作任务或者主要是利用本单位的物质技术条件所完成的发明创造,在离职后进行申请,从而损害了原单位的合法权益的情况。本案中,余某自入职创自公司开始,承担的就是研发纸币识别器产品的工作任务,诉争专利也是一种纸币识别装置,主要发明点是在机器主体的入钞口处增加了防尘挡门,以避免灰尘从纸币入口处进入纸币识别器内部影响识别器正常使用和识别精度。两者都属于对同一产品的研发,系相关联的发明创造。余某、驰卡公司抗辩称"创自公司在研发其产品时只有对传感器进行防尘,并没有出现在入钞口设置防尘挡门的这一技术方案或者想法,所以不是职务发明"。一审法院认为,判断涉案发明是否是职务发明，主要是判断涉案发明创造是否与余某在创自公司从事的工作任务有关，而不是将涉案的专利技术特征与创自公司研发的产品本身技术特征进行一一比对，职务发明的认定并不需要创自公司已经研发出或者提出与专利技术完全相同的技术方案或想法，故余某、驰卡公司的该抗辩理由不能成立，不予采纳。

余某、驰卡公司还提出余某在创自公司的后期转任工程部经理，所以余某的本职工作与技术研发无关的抗辩主张。一审法院认为，余某在离职时与创自公司签订了《离职协议》和《保密与竞业限制协议》，不得泄露创自公司技术与商业秘密，说明其离职前的职务仍然应当与技术工作有关，且不能因调岗否认余某在创自公司主要从事技术开发的事实，故对余某、驰卡公司的抗辩理由不予采纳。

第三，关于诉争专利的另一发明人温某，余某、驰卡公司并未提供案外人温某从事与纸币识别器相关的行业从业经验或学历证明，亦未举证证明其对诉争专利的实质性特点做出过创造性贡献，且根据驰卡公司提供的证据显示，检索以“温某”为发明人的专利几乎都是与读卡器、发卡机相关，仅有的 5 个与纸币识别器有关的专利均是在 2013 年 10 月 29 日申请，且与余某署名为共同发明人。

综上所述，涉案专利是与余某在创自公司承担的本职工作和分配的工作任务有关的发明创造，属于职务发明创造的一种情况，创自公司应当为专利权人。一审法院依照《专利法》第 6 条、《专利法实施细则》第 12 条之规定，判决如下：确认名称为“纸币识别装置”（专利号 ZL20132067XXXX.3）的实用新型专利权归创自公司所有。本案案件受理费人民币 1000 元，由驰卡公司、余某负担。

余某和驰卡公司不服,提起上诉,认为创自公司提交的证据 16 证明了余某只是钞箱部分的负责人,而识别头部分是由另外一位同事负责,因此余某不可能担任识别头中的防尘部分的设计,此外,余某在诉争专利申请日之前 1 年多就已调离岗位,故诉争专利与余某在创自公司本职工作中所涉及的技术内容不具有相关性。

二审法院对此认为,虽然创自公司提供的证据 16《C100 - RMB - B 项目情况说明》证明识别头项目负责人为刘某、钞箱项目负责人为余某,证据 18《C100 - BOX - L2K 项目方案书》证明了余某负责仿制 Cashcode 的 VAULT1000 钞箱产品,但不能据此推断出余某没有参与识别头部分的研发工作;相反,创自公司提供的证据 17《C100 - RMB - B01 纸币识别器项目方案书》证明了余某是负责包括识别头结构设计、钞箱设计等在内研发工作的责任人之一;即使如余某所述其于 2012 年 5 月转任创自公司的工程部经理,但根据创自公司的经营范围和产品,以及余某一审中提供的证据 1 ~ 7“余某手机信息”等证据,仍然证明了余某的工作与“纸币识别器”有关。而且根据我国《专利法》及其实施细则的上述规定,判断涉案发明创造是否是职务发明创造,主要是判断涉案发明创造是否与余某在创自公司从事的工作任务有关,而不是要求诉争的专利技术特征与余某从事的研发工作的内容完全相同,因此,二审法院认为余某、驰卡公司的该上诉理由不成立。

余某和驰卡公司还在二审程序中补充提交了一份由温某公证的电子邮件。邮件显示:“发件人:郭 × ×,收件人:温 × ×,主题:关于 PA1321169‘一种带电控防尘挡门的纸币识别器’一稿审核事宜,内容为:关于贵公司案件名称为‘一种带电控防尘挡门的纸币识别器’的专利申请文件已完成，一撰稿随附，请您审核确认并提出修改意见。我方将根据您的确认和建议完善申请文件尽早递交申请！”以此证明温某才是涉案专利真正的发明人。

二审法院认为，诉争专利虽然载明发明人为温某、余某，但是余某、驰卡公司并未提供案外人温某从事与纸币识别器相关的行业从业经验或学历证明，亦未举证证明其对诉争专利的实质性特点作出过创造性贡献。余某、驰卡公司一审中提供的证据显示，检索以“温某”为发明人的专利几乎都是与读卡器、发卡机相关，仅有的 5 个与纸币识别器有关的专利均是与涉案诉争专利在同一日即 2013 年 10 月 29 日申请，且均与余某署名为共同发明人。虽然余某、驰卡公司于二审期间提供的(2017)深盐田证字第 1081 号公证书可证明专利代理机构于 2013 年 10 月 25 日曾向温某发出“关于 PA1321169‘一种带电控防尘挡门的纸币识别器’一稿审核事宜”的邮件，但该证据也无法证明温某对涉案诉争专利的实质性特点作出创造性贡献。二审法院从而驳回上诉，维持原判。但无论在一审程序还是二审程序，法院均未将温某列为被告，更没有通知其参与诉讼。

三、再审办案策略及律师工作

驰卡公司就本案中存在的实体问题与程序问题一并向最高人民法院申请再审，一方面主张法院对《专利法实施细则》第 12 条的实体内容理解错误，在驰卡公司、余某已经提供了充分证据证明余某在创自公司处离职前，所从事的工作与诉争专利的内容并不相同，创自公司对于诉争专利的形成既没有下达工作任务，也没有提供物质技术条件，且余某在诉争专利的申请日之前一年多就已调离岗位。在此情况下仅以“诉争专利要解决的技术问题与余某在被申请人处从事研发工作涉及的技术领域相同”就认定诉争专利与余某原本职工作有关,进而判决诉争专利归属于创自公司,是对法律规定的扩大解释,直接损害了驰卡公司、余某的合法利益。

另一方面,驰卡公司还主张法院存在程序错误,在各方当事人对诉争专利的发明人并未提出异议的情况下,法院单方面确定涉案专利的共同发明人温某没有对诉争专利的实质性特点作出创造性贡献,完全超越了法院的审查范围和权限,也是对案外人合法权益的损害。

四、再审逆转内容的裁判要旨及结果

最高人民法院提审本案,经开庭审理之后,认为:在确定涉案专利权归属的过程中,发明人身份对涉案专利权属的确定具有重要意义。根据原审法院已经查明及本院补充查明的事实可知,至创自公司向一审法院提起本案诉讼时,涉案专利的发明人已经由“温某、余某”变更为“温某”,即温某在本案纠纷发生之时是涉案专利文件中载明的唯一发明人。而一审、二审法院认定涉案专利权应转由创自公司享有的事实基础及法律依据为,涉案专利的发明人为余某,且为余某在创自公司工作期间完成的职务发明,故专利权应归属创自公司。而至本案创自公司提起一审诉讼时,温某已经成为涉案专利文件上记载的唯一发明人。在此情况下,原审法院作出权属变动判决的前提是,必须排除温某的发明人身份。在温某作为本案纠纷发生时涉案专利文件记载的唯一发明人的情况下,原审法院未通知温某参与本案诉讼,且未听取其意见即直接排除温某发明人身份的做法缺乏事实依据,应予纠正。

根据《民事诉讼法》第132条的规定，必须共同进行诉讼的当事人没有参加诉讼的，人民法院应当通知其参加诉讼。本案系专利权权属纠纷，温某作为本案纠纷发生时涉案专利证书中记载的唯一发明人，涉案专利的权属变化将直接影响其合法权益。据此，原审法院应当通知案外人温某参加本案诉讼并陈述意见，并结合温某提供的相关证据，在重新查明事实的基础上确定涉案专利的发明人身份以及权利归属。根据《民事诉讼法》第170条之规定，本案属遗漏当事人之情形，故应由一审法院在追加当事人的基础上重新进行审理。

最高人民法院最终裁定撤销本案二审判决、一审判决，发回一审法院重审。

五、律师评析

本案在确定再审策略时，坚持实体与程序并重。而且温某作为发明人没有参与诉讼，存在明显的问题。只是严重到何种程度，应如何处理，只能由最高人民法院来把握。

无论在民事案件中还是刑事案件中，程序正义是实体正义的前提与保障。最高人民法院在本案中坚持程序正义、保障类似温某等利害关系人诉讼权利，发现一审法院和二审法院在审理过程中存在遗漏当事人的严重程序错误后，果断作出了撤销原判，发回重审的正确裁判。

最高人民法院自本案起，也统一了同类案件确定被告的原则。

此前，同类案件的被告一方，通常仅由原告自行确定，往往包括作为发明人（设计人）的离职员工和作为专利权人的新任职单位，至于涉案专利的其他发明人（设计人）是否作为当事人参加诉讼，法院对此审查得并不严格,也没有强制性要求。

在本案之后,法院统一要求专利权属纠纷案的被告应包含全部发明人(设计人),如果原告起诉时没有列明的,审理法院可以依职权追加遗漏的其他发明人(设计人)为共同被告,避免出现其他发明人(设计人)在没有参与诉讼,甚至是在毫不知情的情况下,相关专利权属就发生变更。

法院的这一转变确实具有合理性。因为如果涉案专利存在多位发明人(设计人)的,其他发明人(设计人)很可能也对发明创造的实质性特点作出了创造性贡献。不将其他发明人(设计人)一并列为当事人,就可能无法查清不同的发明人(设计人)对涉案专利各自作出了哪些具体贡献,特别是剥夺其他发明人(设计人)参与诉讼的程序性权利,是对程序正义和实体正义的严重威胁。

本案的后续结局也颇有趣味:在最高人民法院裁定发回重审后不久,涉案专利被宣告全部无效;既然涉案专利自始无效,创自公司也就没有再启动专利权权属案的程序了。

律师简介

王承恩律师,西南政法大学法学学士、中山大学民商法硕士。原创维集团知识产权负责人,现任盈科律师事务所第四届全国知识产权法律专业委员会主任。盈科深圳第四届、第五届管委会委员,知识产权法律事务中心主任,高级合伙人。入选工信部工业和信息化领域知识产权专家库、深圳市市场监督管理局知识产权专业委员会专家、长沙市知识产权局维权援助专家库专家、中南财经政法大学知识产权研究中心兼职研究员。

许国兴律师，盈科深圳专职律师，曾在顺天达专利商标代理有限公司从事专利、商标代理工作；在美的集团总部法务部担任派驻事业部 IP 中心负责人，负责事业部知识产权的统筹和管理工作；在 TCL 集团知识产权中心担任专责主管，负责集团部分公司的知识产权管理工作。

6.

专利无效宣告证据在一审、二审、再审程序中的作用

——长沙得悦科技发展有限公司诉佛山市宇森医疗器械有限公司、常州益锐医疗器材有限公司侵害发明专利权纠纷案

马丽丽

最高人民法院(2020)最高法民再132号

一、案情简介

长沙得悦科技发展有限公司(一审原告、二审被上诉人、再审被申请人,以下简称得悦公司)认为佛山市宇森医疗器械有限公司(一审被告、二审上诉人、再审申请人,以下简称宇森公司)、常州益锐医疗器材有限公司(一审被告、二审上诉人,以下简称益锐公司)销售的一款“根管治疗仪”产品侵害其名称为“根管治疗仪灯架及设有该灯架的根管治疗仪”的第ZL201510038028.9号发明专利(以下简称涉案专利)的专利权,于2018年

7月16日向广州知识产权法院起诉请求：(1)宇森公司立即停止实施侵害得悦公司涉案专利权的权利要求1～5、7、8的行为，包括停止制造、销售、许诺销售被诉侵权产品(包括“根管治疗仪”，型号为：C-SMARTminiLED)，销毁库存的被诉侵权产品及生产被诉侵权产品的专用模具；(2)益锐公司立即停止实施侵害得悦公司涉案专利权的权利要求1～5、7、8的行为，包括停止销售、许诺销售被诉侵权产品，销毁库存的被诉侵权产品；(3)宇森公司、益锐公司共同赔偿得悦公司经济损失及因维权所支付的合理费用合计100万元；(4)宇森公司、得悦公司共同承担本案诉讼费。

一审法院认为，被诉侵权产品落入涉案专利权的保护范围，且宇森公司的现有技术抗辩和益锐公司的合法来源抗辩缺乏事实与法律依据，故宇森公司与益锐公司构成对涉案专利权的侵害，应承担相应的民事责任。

一审法院判决宇森公司与益锐公司停止侵权行为，宇森公司赔偿得悦公司经济损失及维权费用共计15万元，益锐公司赔偿得悦公司经济损失及维权费用共计5万元，驳回得悦公司其他诉讼请求。

宇森公司于2019年1月23日向国家知识产权局提出无效宣告请求。

宇森公司与益锐公司不服一审判决，向广东省高级人民法院提起上诉，该院经过审理于2019年5月10日作出判决，驳回上诉，维持原判。

国家知识产权局于2019年7月8日作出无效宣告请求决定书(第40912号)，宣告ZL201510038028.9号发明专利权全部无效。

宇森公司不服二审判决，向最高人民法院提起再审。最高人民法院于2020年3月9日作出(2019)最高法民申6100号民事裁定，提审本案。并于2020年11月25日作出(2020)最高法民再132号民事判决：(1)撤销广东省高级人民法院(2019)粤知民终97号民事判决；(2)撤销广州知识产权法院(2018)粤73民初2259号民事判决;(3)驳回得悦公司的诉讼请求。

二、原裁判内容及存在的问题

一审判决作出后,宇森公司与益锐公司不服一审判决,向广东省高级人民法院提起上诉,并要求中止诉讼。二审法院认为涉案专利为发明专利,授权前已经实质审查,其稳定性较强。宇森公司在二审期间方申请专利无效审查,且未提交足以证明涉案专利很可能被宣告无效的证据,其关于本案应中止诉讼的请求缺乏事实与法律依据,不予支持。二审法院经过审理于2019年5月10日作出判决,驳回上诉,维持原判。

我方认为本案无效的主要证据形成于域外,该类域外形成证据在涉案专利实审时并无可能被审查员排除过。法院不应以涉案专利属于发明专利,授权前已经实质审查为由,而当然认为其稳定性较强。

事实上在域外形成证据面前,涉案专利与一份未经实质性审查的实用新型专利相比,其稳定性并没有任何不同。而且该域外形成证据披露了涉案专利权利要求的大部分技术特征,足以证明涉案专利权存在极其不稳定因素。在已经向国家知识产权局提出专利无效宣告请求的前提下,涉案专利被宣告无效的机率很大。

虽然依据《最高人民法院关于审理专利纠纷案件适用法律问题的若干规定》第11条的规定,人民法院受理的侵犯发明专利权纠纷案件,被告在答辩期间内请求宣告该项专利权无效的,人民法院可以不中止诉讼。但由于出现了前述特殊情况,人民法院中止诉讼也不违反法律规定。其逻辑及依据是涉案专利虽为发明专利,但其实质上是一份未被采用域外证据实质审查过的专利，类似于实用新型专利，因此即使将《最高人民法院关于审理专利纠纷案件适用法律问题的若干规定》第10条中的关于实用新型专利的“但经审查认为有必要中止诉讼的除外”转用于本案，亦不违背立法宗旨。

三、再审办案策略及律师工作

宇森公司和益锐公司在本案一审开庭前委托我方介入代理，经技术比对后我方认为，尽管被诉产品与涉案专利权利要求1相比不尽相同，但区别不大，有可能构成等同，如不考虑其他新证据，本案并没有必胜的把握。

因此，论证区别技术特征并不构成等同、调查专利实审中是否存在被放弃的技术特征以利于诉讼中适用禁止反言、寻找新证据落实现有技术抗辩、启动专利无效程序、向法院申请中止审理等思路成为我们接下来工作的重点，特别是寻找现有技术抗辩和专利无效的证据成为重中之重。

在调查过程中，通过与宇森公司技术人员交谈得知，涉案专利所描述的产品最早出现在国外，是一款在专利申请日以前就已经被广泛销售和使用的产品。被诉产品并没有抄袭这些已经公开销售的产品，而是对其进行了优化改进，并且在决定生产之前由公司技术人员及代理机构进行过专利检索，确定了没有与他人专利相冲突才决定投入生产。同时宇森公司还向我们展示了国外多家公司的产品手册，这些手册上均印有与涉案专利描述近似的根管治疗仪产品图片，但是这些产品手册均没有载明发表日期。以上调查情况使得我们内心基本确信了涉案专利的技术方案极有可能在专利申请日以前就已被公开。

在调阅涉案专利申请实审过程中的全套文件发现,原告在实审过程中存在放弃部分技术特征的情形。

基于以上初步调查,我们再次将应诉策略定为:被诉产品与涉案专利相比不相同不等同、禁止反言、现有技术抗辩、专利无效、申请中止诉讼等。

此时离一审开庭的时间已经不多,需要将全部精力放在收集专利无效证据上。我方收集证据的途径主要有:(1)专利数据库;(2)网络销售平台;(3)行业论坛;(4)视频网站;(5)医疗器械行业投放广告较集中的国内外平台;(6)向宇森公司的同行了解在先销售情况;等等。

经过仔细的检索,在专利数据库中检索到若干份接近的对比文件,但即使将这几篇对比文件结合,仍然无法得到涉案专利权利要求 1 的全部技术特征。而国内网络销售平台、行业论坛、视频网站、行业广告平台、同行走访等均没有得到有价值的在先公开证据。此时离开庭不足一周,现有技术抗辩、专利无效的关键证据还没有出现。所幸我们及宇森公司均没有就此放弃,而是加大了海外检索的力度。临近开庭,一份极有可能决定本案走向的关键证据在 youtube 网站上被找到。该证据的内容是一份《根管治疗仪用户指南》视频文件,上传公开日期是 2013 年 10 月 25 日,早于涉案专利申请日 2015 年 1 月 26 日。该视频文件以图文的方式详细披露了涉案专利权利要求的大部分技术特征,未公开涉案专利权利要求 1 的特征仅仅是光源如何连接外部电路以实现通电。本领域技术人员无须付出任何创造性的劳动,即可采用导线等导体将光源与外部电路连接以实现通电,而被诉产品的光源恰是通过导线等导体与外部电路连接,因此我方认为现有技术抗辩有成立的空间。而且涉案专利的光源是通过电路板和导电件连接外部电路以实现通电,这种电连接方式对本领域技术人员来说是显而易见的,因此涉案专利存在极其不稳定的因素。因此,即使该证据客观上还不能完美满足构成现有技术抗辩的条件,但未尝不可以争取。即使在一审开庭前已来不及提起专利无效宣告请求,该证据对于评价涉案专利技术贡献度低仍然具有重要的意义,毕竟原告并没有证据证明其损失或被告获利达到100万元之巨。

由于youtube网站上的证据属于域外形成证据,因此我方紧急联系香港执业律师在香港对上述证据进行了公证,同时在广州对该证据紧急进行了公证翻译。并于当天开庭前将该套证据提交给了一审法院,庭审中坚持现有技术抗辩,同时还提交了《基于被诉产品是现有技术的技术比对表》和《基于被诉产品与涉案专利不相同不近似的技术比对表》。

一审庭审结束后,我方以上述域外证据为最接近的现有技术展开了新一轮的专利检索分析,并最终选用了另外两份对比文件与上述域外证据进行结合,向国家知识产权局对涉案专利提起了专利无效宣告请求。为夯实专利无效的成果,在提交无效宣告请求后的一个月内,我们又进行了一轮专利无效检索,并向国家知识产权局补充提交了两份对比文件。

在此过程中,我方一审败诉。尽管判赔金额远低于原告预期,但是如果该判决生效,将意味着包括宇森公司在内的全国数以千计的牙科医疗器械企业将不得再制造、销售、许诺销售同款根管治疗仪产品,而据悉有不少企业的此类根管治疗仪占到企业产量的60%以上,可谓关乎众多中小企业的生死存亡。可以预见,此案若生效,将是原告在全国铺开侵权诉讼的开始。在此情形下,只有专利无效成功才能解除困局。经此分析,为避免一审判决生效,宇森公司决定上诉。

通过对一审判决的研究,我方找到一审判决技术比对分析中的部分错误,并以一审中我方的禁止反言、现有技术抗辩等主张,结合专利无效的证据向广东省高级人民法院提起了上诉,同时提出了中止诉讼的请求。

二审庭审中我方向二审法院详细阐述和分析了涉案专利被宣告无效成功率极高的依据,并请求法院即使不同意中止诉讼也尽量等候专利无效宣告程序的结论。

二审法院没有支持中止诉讼,在审限即将到达之前纠正了一审判决书中的部分错误,同时维持了一审判决。

而我方在收到二审判决后的一周内,收到了专利无效宣告请求决定书,该决定书宣告涉案专利权全部无效。

为避免本案进入执行程序,以及避免本案二审判决被公开影响宇森公司和益锐公司的声誉,我方立即将涉案专利权全部无效的情况告知二审法官,请求不公开二审判决,同时还立即向最高人民法院提起了再审。经审查最高人民法院依法裁定提审本案,经审理最终依法撤销了一审、二审判决,驳回得悦公司的诉讼请求。

四、再审逆转内容的裁判要旨及结果

最高人民法院认为,《专利法》第 47 条规定,宣告无效的专利权视为自始即不存在。宣告专利权无效的决定,对在宣告专利权无效前人民法院作出并已执行的专利侵权的判决、调解书,已经履行或者强制执行的专利侵权纠纷处理决定,以及已经履行的专利实施许可合同和专利权转让合同,不具有追溯力。本案中,国家知识产权局作出第 40912 号决定,宣告涉案专利权全部无效,双方当事人在法定期限内均未提起行政诉讼,故第 40912 号决定已经发生法律效力,涉案专利权应视为自始即不存在。

此外，本案二审判决尚未执行。因此，第 40912 号决定对本案一审、二审判决具有追溯力，宇森公司关于撤销一审、二审判决以及驳回得悦公司诉讼请求的再审请求成立，法院予以支持。

综上所述，鉴于一审、二审法院作出专利侵权判决的权利基础已经不存在，再审法院依法予以纠正。依照《专利法》第 47 条、《民事诉讼法》第 207 条第 1 款、第 170 条第 1 款第 2 项规定，判决如下：(1) 撤销广东省高级人民法院(2019)粤知民终 97 号民事判决；(2) 撤销广州知识产权法院(2018)粤 73 民初 2259 号民事判决；(3) 驳回得悦公司的诉讼请求。

一审案件受理费 13,800 元、二审案件受理费 4350 元，均由得悦公司负担。本判决为终审判决。

五、律师评析

(一) 典型意义

本案成功的关键在于及时找到了可以让涉案专利被宣告无效的有力证据，以及在诉讼的各个阶段最大化地利用无效证据为当事人争取最大的利益。本案中，无效证据在诉讼的各个阶段取得了以下效果：(1) 在一审用于评价涉案专利技术贡献率低；(2) 在二审中用于为专利无效宣告程序争取时间；(3) 在二审结束后避免案件进入强制执行；(4) 在二审结束后避免二审判决公开影响我方当事人声誉；(5) 在再审中用于纠正原审判决，实现案件逆转改判。

(二) 法律评析

1. 关于现有技术抗辩

《专利法》第 22 条规定，授予专利权的发明和实用新型，应当具备新颖性、创造性和实用性。新颖性,是指该发明或者实用新型不属于现有技术;本法所称现有技术,是指申请日以前在国内外为公众所知的技术。

《专利法》第67条规定,在专利侵权纠纷中,被控侵权人有证据证明其实施的技术或者设计属于现有技术或者现有设计的,不构成侵犯专利权。

本案中,尽管域外形成的视频文件公开了光源需要与外部电路通电,遗憾的是观察不到相关电路的具体连接方式,以致法院认为该证据并未公开涉案专利权利要求1的全部技术特征,不属于现有技术,我方的现有技术抗辩不成立。即便如此,我们仍然认为在本案中现有技术抗辩必须要提。其积极意义是,通过现有技术抗辩,可向法官直观展示涉案专利与最接近的对比文件相比仅有一处区别技术特征,而该区别技术特征也仅仅是利用导体接通外部电源而已。能够充分证明涉案专利的技术含量较低,价值不高。而事实上一审判赔远远低于原告预期,这正是我们积极进行现有技术抗辩所要达到的效果。

2. 关于中止诉讼

《最高人民法院关于审理专利纠纷案件适用法律问题的若干规定》第11条规定,人民法院受理的侵犯发明专利权纠纷案件或者经专利复审委员会审查维持专利权的侵犯实用新型、外观设计专利权纠纷案件,被告在答辩期间内请求宣告该项专利权无效的,人民法院可以不中止诉讼。

本案中,涉案专利是发明专利,且一审庭审结束后才向国家知识产权局请求宣告该专利无效,表面上看并不符合中止诉讼的条件。但我们认为涉案专利在申请的实审过程中,审查员检索的仅是专利数据库,并未对专利数据库以外的特别是域外形成的证据进行检索。因此,当出现了域外形成证据这种特殊情形，且被告据此请求宣告涉案专利无效，此时人民法院中止诉讼也并不违反法律规定。因为相对于域外形成证据，涉案专利的稳定性与一份未经实审的实用新型专利并无不同。且《最高人民法院关于审理专利纠纷案件适用法律问题的若干规定》第 11 条规定，人民法院受理的侵犯实用新型纠纷案件，被告在答辩期间届满后请求宣告该项专利权无效的，人民法院不应当中止诉讼，但经审查认为有必要中止诉讼的除外。我们认为本案符合“经审查认为有必要中止诉讼的情形”，因此在二审中提出了中止诉讼的请求。

颇为遗憾的是二审法院最终也并未同意中止诉讼，但我们仍然认为通过申请中止诉讼，积极向二审法院说明涉案专利存在极其不稳定的因素，或许可以为专利无效宣告程序争取时间。本案二审法院也确实是在接近审限才作出判决，给专利无效宣告程序争取到了宝贵的时间，而宣告涉案专利权全部无效的决定也给本案再审完美逆转奠定了坚实的基础。

律师简介

马丽丽，北京市盈科（广州）律师事务所律师，历任知识产权部副主任、商事法律事务部执行主任、海关与贸易合规法律事务部秘书长，专利代理师。中华全国专利代理师协会培训讲师，广东省知识产权局专家库专家，广州市知识产权维权援助专家库专家。

7.

通过无效宣告程序移除在先权利障碍，帮助在后申请的商标获准注册

——泉州某卫浴公司与国家工商行政管理总局商标评审委员会商标行政纠纷再审反败为胜案

张群力

最高人民法院(2017)最高法行再52号

一、案情简介

1998年7月29日，泉州某卫浴公司(以下简称泉州公司)向国家工商行政管理总局商标局(以下简称商标局)提交了第1351807号"苹果王 APPLE KING及图"商标(见图1)注册申请，指定使用商品为第11类淋浴用设备、淋浴器、抽水马桶、卫生器械和设备等。该商标于2000年1月7日获准注册。

图1　第1351807号“苹果王APPLE　KING及图”商标图样

2006年5月8日，泉州公司就上述商标的延伸商标——第5334739号“APPLE　KING及图”商标（以下简称被异议商标，见图2）向商标局提出注册申请，指定使用商品为第11类冷冻设备和机器、淋浴用设备、抽水马桶、卫生器械和设备等。

图2　第5334739号“APPLE　KING及图”商标图样

2009年2月6日，商标局对被异议商标初步审定予以公告后，温州某公司（以下简称第三人）针对被异议商标提出异议申请，引用了包括第5046777号“苹果世界APPLE　WORLD及图”商标（以下简称引证商标一，见图3）在内的商标。

图3　第5046777号“苹果世界APPLE　WORLD及图”商标图样

引证商标一由佛山某家居公司(以下简称佛山公司)于2005年12月7日向商标局提出注册申请,于2008年11月28日获准注册,核定使用商品为第11类水龙头、洗涤槽、澡盆等,商标专用期限至2018年11月27日。

经审查,商标局作出(2011)商标异字第31445号商标异议裁定。第三人对该裁定不服,于2011年10月17日向商标评审委员会提出商标异议复审申请。

2013年8月19日,商标评审委员会针对第三人提出的异议复审请求,作出商评字(2013)第38348号关于第5334739号“APPLE　KING及图”商标异议复审裁定(以下简称被诉裁定)。被诉裁定认为:被异议商标与引证商标一相比较差异不大,容易使消费者误认为二者是系列商标,故二者已构成近似标识。被异议商标指定使用在除“冷冻设备和机器”以外的其他商品上与引证商标一已构成类似商品上的近似商标。被异议商标指定使用在“冷冻设备和机器”商品上与引证商标一未构成类似商品上的近似商标。商标评审委员会裁定:被异议商标指定使用在“冷冻设备和机器”商品上的注册申请予以核准;被异议商标指定使用在其余商品上的注册申请不予核准。

泉州公司不服被诉裁定，向北京市第一中级人民法院（以下简称一审法院）起诉，请求一审法院依法判决撤销被诉裁定。

一审法院认为被异议商标由“APPLE KING”及苹果图形组成，引证商标一由“苹果世界”、“APPLE WORLD”及苹果图形组成，两商标的构成元素、整体外观差异较小，构成近似商标。被异议商标若与引证商标一同时使用在相同或类似商品上，易使消费者对上述商品的来源产生混淆。被异议商标与引证商标一已构成使用于相同或类似商品上的近似商标，商标评审委员会对此认定正确，应予维持。一审法院驳回了泉州公司的诉讼请求。

泉州公司不服一审判决，向北京市高级人民法院（以下简称二审法院）提起上诉。

二、原裁判内容

二审法院同样认为被异议商标与引证商标一构成类似商品上的近似商品。同时，二审法院还认为，在先商标的申请注册并不必然导致在后商标应当获准注册，若在后申请注册的商标与他人在先注册商标形成《商标法》第28条所规定的情形，应当不予核准。商标的延伸注册应当从该标识所蕴含的商誉进行考量，若在先注册商标的使用及宣传所形成相关标识能够与商品来源的提供者确定一一对应关系，并且该商誉能够延展至在后申请注册商标标识的，则应当从在后申请注册商标是否会与他人在先申请注册商标造成相关公众混淆、误认的角度进行分析，若不构成对商品来源的混淆时，可以予以核准在后商标的申请注册。然而，本案中泉州公司所提交证据并不足以证明其在先商标所形成的商誉，足以使被异议商标与泉州公司形成稳定的对应关系，进而与引证商标一相区分，不会造成相关公众的混淆、误认。因此，二审法院驳回上诉，维持原判。

三、再审办案策略及律师工作

泉州公司不服二审判决，决定委托笔者担任泉州公司在最高人民法院申请再审案的代理人。

在本案中，引证商标一是被异议商标获准注册的唯一障碍，如果引证商标一能够被移除，则被异议商标的获准注册就没有在先权利障碍了。泉州公司决定引证其持有的注册时间在先的第 1351807 号“苹果王 APPLE KING 及图”商标，对注册时间在后的引证商标一提起无效宣告申请。

该无效宣告申请在商标评审委员会阶段取得初步胜利。然而，引证商标一的所有权人佛山公司不服商标评审委员会作出的无效宣告裁定，向北京知识产权法院提起诉讼。此时，引证商标一的状态尚未确定，只能等待。之后，北京知识产权法院驳回了佛山公司的诉讼请求。佛山公司不服，又向二审法院上诉。2016 年 6 月 30 日，二审法院驳回上诉，维持原判。至此，引证商标一的状态确定无效。

随后，基于新的事实和证据，泉州公司向最高人民法院申请再审。

四、再审逆转内容的裁判要旨及结果

最高人民法院认为：《最高人民法院关于审理商标授权确权行政案件若干问题的规定》第 28 条规定，“人民法院审理商标授权确权行政案件的过程中，商标评审委员会对诉争商标予以驳回、不予核准注册或者予以宣告无效的事由不复存在的，人民法院可以依据新的事实撤销商标评审委员会相关裁决，并判令其根据变更后的事实重新作出裁决。”本案中，引证商标一已经被北京市高级人民法院（2016）京行终 2653 号行政判决宣告无效，若仍以二审判决作出时的事实状态为基础去考量被异议商标是否应予核准注册，将导致显失公平的结果。参照《最高人民法院关于审理商标授权确权行政案件若干问题的规定》第 28 条的规定，本院对被诉裁定和一审、二审判决的结论予以纠正。

最高人民法院判决撤销二审判决和一审判决，撤销被诉裁定，并判决商标评审委员会就被异议商标重新作出异议复审裁定。

五、律师评析

（一）典型意义

本案代表了一种常见的商标授权确权纠纷案件。其模式是：甲公司在先申请注册了 A 商标。之后，乙公司在类似商品上申请注册了 B 商标。A 商标并没有成为 B 商标获准注册的在先权利障碍。

再后来，甲公司又申请注册 A 商标的延伸商标 A + 商标。但是，却发现乙公司的 B 商标成为其在先权利障碍，原因是审查机关认为 A + 商标因与 B 商标近似构成了近似商标。

在此情况下，甲公司可能会比较疑惑，明明自己的 A + 商标是从自己更早的 A 商标延伸而来的，而自己的 A 商标已经用了很久了。只是由于业务需要，甲公司在 A 商标的基础上延伸来了 A + 商标，为什么不能注册？况且，如果 A + 商标因与 B 商标近似而不予注册，那么 B 商标不也应该因与A商标近似而不予注册？

这是因时代发展，商标申请量暴涨、审查标准和法律法规不断更新而引发的现象。随着时代的发展，尤其是近几年我国经济的快速发展，国家对知识产权高度重视，中国的商标申请量逐年快速增长，已经成为全世界商标申请量最大的国家。商标法及相关配套法律法规都在不断的修改和变化，商标审查的标准也在不断更新，就会出现上文所述的现象。

本案中，泉州公司以其名下更早的在先权利对引证商标一启动无效宣告程序，并最终将引证商标一成功宣告无效，为自己在后的商标申请扫除了在先权利障碍后获准注册。

（二）法律评析

商标无效宣告制度是对商标异议制度的补充，是对在先权利人或利害相关人在商标公告阶段错过提起异议申请的救济。

无效宣告的法律依据主要是《商标法》的第44条和第45条。其中，《商标法》第44条规定的是无效宣告的绝对事由；《商标法》第45条规定的是无效宣告的相对事由。

《商标法》第44条规定，“已经注册的商标，违反本法第四条、第十条、第十一条、第十二条、第十九条第四款规定的，或者是以欺骗手段或者其他不正当手段取得注册的，由商标局宣告该注册商标无效；其他单位或者个人可以请求商标评审委员会宣告该注册商标无效。”

《商标法》第4条规定不以使用为目的的恶意商标注册申请应当驳回。《商标法》第10条是主要的绝对禁止事由条款，规定了不得作为商标使用的标志。比如，同我国或外国国家名称、国旗、国徽、军旗等相同或近似的标志，同政府间国际组织的名称、旗帜、徽记等相同或近似的标志，同

“红十字”“红新月”相同或近似的标志，带有民族歧视性的标志，带有欺骗性且容易误导公众的标志，有害于社会主义道德风尚或其他不良影响的标志都不得作为商标使用。《商标法》第10条规定了《商标法》中最严厉的禁止情形，符合《商标法》第10条情形的标志不仅不能作为商标“注册”，甚至连作为商标“使用”也不行。《商标法》第11条规定缺乏显著性的标志不得作为商标注册。比如，仅有本商品的通用名称、图形、型号的标志，仅直接表示商品的质量、主要原料、功能、用途、重量、数量及其他特点的标志一般都是缺乏显著性的标志，不得作为商标注册。

上述情形属于宣告无效的绝对事由。对于符合上述情形的注册商标，可以由商标局直接宣告该注册商标无效。如果商标局没有宣告无效，其他单位或者个人可以请求商标评审委员会宣告该注册商标无效。

《商标法》第45条规定，“已经注册的商标，违反本法第十三条第二款和第三款、第十五条、第十六条第一款、第三十条、第三十一条、第三十二条规定的，自商标注册之日起五年内，在先权利人或者利害关系人可以请求商标评审委员会宣告该注册商标无效。对恶意注册的，驰名商标所有人不受五年的时间限制”。

《商标法》第13条第2款和第3款规定申请注册的商标是复制、模仿或者翻译中外驰名商标，引起混淆、误导公众的，不予注册并禁止使用。第15条规定抢注他人商标，相关权利人或利害关系人提出异议的，不予注册。第16条第1款规定申请注册的商标包含误导公众的地理标志的，不得注册并禁止使用。第30条、第31条和第32条规定，申请注册的商标与在先申请或注册的商标构成相同或类似商品的相同或近似商标的，或者侵害他人在先权利（如著作权）的，不得注册。

上述情形属于宣告无效的相对事由。与绝对事由不同之处在于,对符合相对事由的注册商标的无效宣告不能由商标局主动作出,只能由相关权利人或利害关系人向商标评审委员会申请。此外,除非在先权利人的引证商标被认定为驰名商标,否则基于相对事由的无效宣告申请只能自其注册之日起5年内提出申请。超过5年的,相关权利人或利害关系人将不能提起无效宣告申请。

根据《商标法》第47条的规定,宣告无效的注册商标由商标局公告,该注册商标专用权视为自始即不存在。

(三)经验总结

当申请商标被在先权利阻碍不得注册时,主要有两种方式来解决:共存和移除。第一种方式是与在先商标共存,一般是在后商标申请人与在先权利人协商出具同意书或签署共存协议,表示在先权利人认可两个商标的共存不会引起一般公众的混淆,两个商标可以共存,同意在后申请商标的注册。在最高人民法院审理的谷歌公司与商标评审委员会关于第11709161号"nexus"商标驳回复审行政纠纷再审案[(2016)最高法行再102号]中,最高人民法院认可了在先权利人出具的同意书,并以此撤销了二审判决、一审判决以及商标评审委员会的裁定,判令商标评审委员会重新作出裁定。

第二种方式就是移除在先商标。移除的方式主要有异议、撤销和无效宣告。本案采用了无效宣告的方式。采用这种方式需要特别注意几点。第一,在先商标需要是已注册商标,而不能是申请中的未注册商标。第二,在先商标的注册时间不超过5年。根据《商标法》第45条的规定,无效宣告应当在商标注册之日起5年内提起,但驰名商标所有人不受此限。第三,无效宣告程序和商标申请注册程序需要衔接好。在本案中,引证商标一的无效宣告的二审判决已经生效,引证商标一已经确定无效了,在先权利障碍已经移除,泉州公司以引证商标一无效的新证据申请再审,一举扭转二审判决,反败为胜。

律师简介

张群力律师,现为盈科律师事务所全球总部合伙人、盈科中国区董事会副主任、盈科北京管委会名誉主任、盈科北京商事诉讼仲裁法律事务部主任、九三中央思想建设研究中心副主任研究员,兼任中国国际经济贸易仲裁委员会等30多家仲裁机构的仲裁员或专家咨询委员会委员。

张群力律师出版了以下专著:(1)《最后的诉讼——民商事再审实务与技巧》(2012年,法律出版社);(2)《最高人民法院新证据规定与证据实务——民事证据制度的完善与阐释》(2020年,法律出版社);(3)《诉讼代理55步:案件流程管理》(2021年,法律出版社)。

8.

专利侵权案中如何查明技术事实

——尚亨中诉桂林和宏纸塑制品有限公司等发明专利侵权系列纠纷案

谭明进　肖传江

最高人民法院(2019)最高法知民终30号

一、案情简介

2008年10月29日,尚亨中向国家知识产权局申请名为"纸碗或纸杯的筒纸片排版方法"发明专利,专利号为CN200810233502.3,2010年4月21日获得专利授权。2011年8月3日,专利权人尚亨中就昆明恒兴包装材料有限责任公司(以下简称恒兴公司)涉嫌侵犯该发明专利的侵权纠纷,请求昆明市知识产权局处理,在该局主持下双方达成和解,恒兴公司承诺不再使用与该发明专利相同的技术方法。此后专利权人公证取得恒兴公司使用非对称筒制片生产的纸碗,认为恒兴公司仍在继续使用其发明专利方法,遂于2013年6月诉至法院,该案历经昆明市中级人民法院一审、云南省高级人民院二审、最高人民法院再审并发回重审、云南省高级人民法院重审后，云南省高级人民法院于2018年8月作出再审判决认定侵权成立。

在此背景下，专利权人遂开始了一场全国范围内的专利维权诉讼，首批被告就有30余家纸塑企业，所涉案情均基本一致，其中除部分被告与专利权人达成和解或调解协议外，其余被告先后委托谭明进律师团队代理一审或者二审，尚亨中诉桂林和宏纸塑制品有限公司（以下简称和宏公司）侵害发明专利权纠纷案即是在和宏公司一审败诉之后另行委托谭明进律师团队代理二审。

该专利权利要求书记载的内容为：“1. 一种纸碗或纸杯的筒纸片排版方法，其特征在于：2. 每一个筒纸片的上边界线由两条不同半径Rl、R2的圆弧线和一条直线S顺延连接构成；3. 下边界线由三条不同半径Rl、R2和R3的圆弧线顺延连接构成；4. 将各非对称形状的筒纸片在卷筒纸上连接排版，该连接排版方式为：（1）每两个左右相邻的筒纸片相对倒置并排相接，左筒纸片的上边界线与相邻右筒纸片的下边界线顺延连续相接，并且该左筒纸片的下边界线与该右筒纸片的上边界线顺延连续相接；（2）上下相邻的筒纸片顺次相接；5. 如此排版后各筒纸片之间没有边角料（参看说明书附图3与4）。”

该专利说明书记载的背景技术为：目前纸碗或纸杯上采用的筒纸片均是对称的扇形纸片，筒纸片的下料均会产生不少的边角料，筒纸片的四周留有较多的空档，每片筒纸片的两端和上下的纸片中间留有月牙形的间隙，有较大的纸张浪费。

和宏公司在一审阶段陈述其使用的排版工艺为：每一个扇形纸片的

上边界由一条半径为R的圆弧线和一条无弧度的直线连接构成,下边界中间由一条半径为R2的圆弧线与左右两边的直线相连,将各非对称形状的扇形纸片在卷纸上连接排版。该连接方式为:(1)将两个左右相邻的扇形纸片相对倒置并排相接,左扇形纸片的上边界线与相邻右扇形纸片的下边界线顺延连接,并且该左扇形纸片的下边界线与该右扇形纸片的上边界线顺延相接;(2)上下相邻的扇形片之间至少要留有2mm的距离排版。该方法上下左右均有废纸,成型杯碗就会符合标准。

柳州市中级人民法院根据公证封存的"和宏"纸杯拆解所还原的筒纸片排版方法之技术方案与涉案专利权利要求1记载的全部技术特征进行比对,认为被诉侵权技术方案的技术特征与涉案专利权利要求1中记载的5个技术特征是对应相同的,最终认定被诉侵权技术方案落入涉案专利权的保护范围。

二、原裁判内容及存在的问题

本案一审阶段,尚亨中向柳州市中级人民法院提交了最高人民法院(2015)民申字第291号民事裁定书、云南省高级人民法院(2018)云民再18号民事判决书,该再审判决认定恒兴公司侵犯了尚亨中涉案方法发明专利权,撤销了云南省昆明市中级人民法院(2013)昆知民初字第234号民事判决和云南省高级人民法院(2014)云高民三终字第67号民事判决,撤销的(2014)云高民三终字第67号案件曾入选云南省高级人民法院2014年知识产权司法保护十大案例。

由于和宏公司在一审阶段陈述的"扇形纸片"形状及上边界线、下边界线构成与公证封存的"和宏"纸杯拆解所还原的筒纸片形状不符,柳州市中级人民法院根据公证封存的“和宏”纸杯拆解所还原的筒纸片排版方法之技术方案与尚亨中专利权利要求 1 记载的全部技术特征进行比对。但柳州市中级人民法院对筒纸片上边界线、下边界线进行侵权比对的时候，在没有查明被诉“和宏”纸杯拆解所还原的筒纸片上边界线、下边界线具体构成的情况下，直接得出其上边界线、下边界线与尚亨中专利权利要求载明的上边界线、下边界线构成相同，不知是囿于云南省高级人民法院再审侵权判决的压力，还是对如何查明被诉侵权技术方案的具体内容感到无能为力。

三、再审（或二审）办案策略及律师工作

柳州市中级人民法院一审过程中，和宏公司庭审陈述的排版方法明显与公证保全的纸杯形状不相符，审判法官也未进一步查明无边角废料的筒纸片排版方法具体实现方式。当然查明本案被诉侵权技术方案，需要同时对技术、专利及侵权认定规则有深入的理解，对案件相关当事人恒兴公司、和宏公司来说，确实是一件非常困难的事情，绝大部分律师同行也会无从下手。

尚亨中专利技术方案涉及一种纸杯或纸碗产品的生产工艺，为了全面了解涉案相关技术内容，代理律师先后到湖北、湖南、浙江、四川、重庆等地进行调查取证，到产业链上下游 10 余家企业进行实地走访调查，对纸杯纸碗生产工艺有了深刻认识。通过与筒纸片印刷模板厂家交流，清楚了筒纸片排版方法实现无废料模切的数学原理，除了到企业走访调查之外，我们检索查阅了数百件与涉案专利方法类似的技术方案，并筛选出非常有力的关键证据。

图1为非对称筒纸片排版方式,4个相同的筒纸片按照尚亨中专利方法所述的排版方式进行排版,可以看到上下筒纸片之间空有边角料区域,中部黑色区域为左下筒纸片与右上筒纸片的重合区域(没有边角料)。

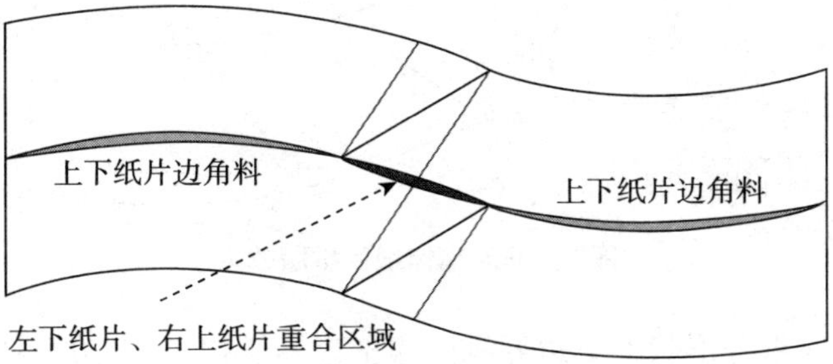

图1 非对称筒纸片排版方式

那么在上下筒纸片边角料区域内,从左右两个相交顶点之间任意作一条连接线作为上下两个筒纸片的修正边界线,在中部重合区域内,从左右两个相交顶点之间任意作一条中心对称连接线作为左下、右上两个筒纸片中心对称边界线(如图2所示)。

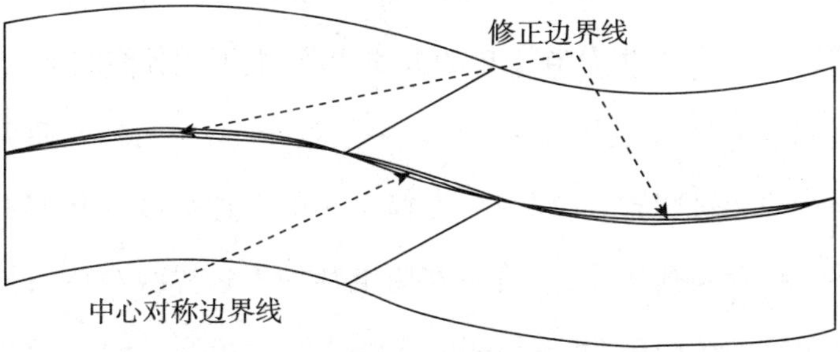

图2 非对称筒纸片排版印刷边界

由修正边界线、中心对称边界线顺延可以得到新的排版印刷边界线,排版印刷边界线顺着纸杯高度尺寸平移复制即可得到无边角废料的非对称筒纸片排版方法(如图3所示)。

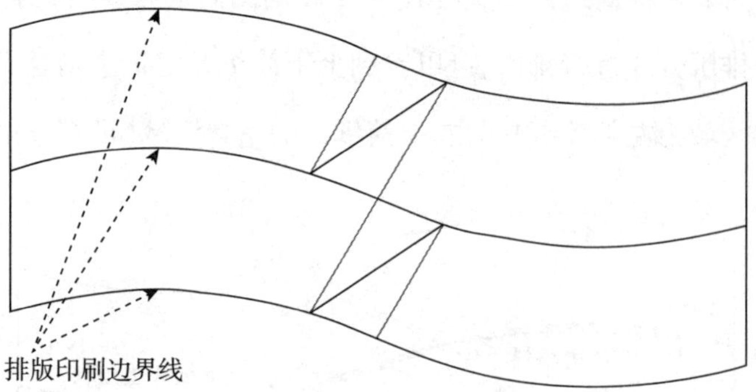

图3　非对称筒纸片排版效果

因此，筒纸片形状的下边界线由修正边界线构成，上边界线由修正边界线与中心对称边界线顺延连接构成，而尚亨中专利方法顶多只算无穷多种排版方法里面的一种。排版印刷边界分割后的边角料直接卷边进入到纸杯或纸碗产品的顶部卷边或底部弯边里面，对纸杯或纸碗外形本身不产生任何影响。

据此代理律师准备的被诉侵权筒纸片排版方法为：(1)一种纸碗或纸杯的筒纸片排版方法；(2)每一个筒纸片的上边界线由半径为R的弧线和直线构成；(3)下边界线为半径R的弧线构成，上下边界线圆弧的半径、弧度相同；(4)将各非对称形状的筒纸片在卷筒纸上连接排版，每两个左右相邻的筒纸片相对倒置并排相接，左筒纸片的上边界线与相邻右筒纸片的下边界线顺延连续相接，并且该左筒纸片的下边界线与该右筒纸片的上边界线顺延连续相接，上下相邻的筒纸片顺次相接；(5)如此排版后各筒纸片之间没有边角料。

值得注意的是，被诉筒纸片排版方法与尚亨中专利排版方法关于上边界线、下边界线的技术特征侵权比对用肉眼观察难以识别，本案不属于新产品的制造方法，应当由尚亨中对侵害专利权的事实承担举证责任。

事实上尚亨中很难证明经公证纸杯展开得到的筒纸片上边界线是由两条不同半径 R1、R2 的圆弧线和一条直线 S 顺延连接构成，下边界线由三条不同半径 R1、R2 和 R3 的圆弧线顺延连接构成，应自行承担举证不能的后果。

而且尚亨中专利方法确实存在自身难以克服的缺陷，按尚亨中专利说明书记载及解释，上、下相邻的筒纸片边界线完全重合，重合部分为上边界 R1、R2 和下边界 R1、R2、R3，其中上边界 R1 = 下边界 R1，上边界 R2 = 下边界 R2 + R3，几何常识表明这是不可能实现的，尚亨中解释下边界 R2、R3 为相同半径的圆弧线。云南省高级人民法院二审认为，尚亨中专利权利要求明确记载下边界线由三条不同半径的 R1、R2、R3 圆弧线顺延连接构成，而尚亨中将其解释为 R2 与 R3 半径相同，尚亨中的解释整体上已经完全脱离了专利权利要求及附图的内容而成为另外的技术方案，其解释不但未能有助于明确界定涉案专利方法的保护范围，反而破坏了涉案专利的真实性和完整性，对尚亨中的解释不予采信。

四、再审(或二审)逆转内容的裁判要旨及结果

尚亨中诉和宏公司专利侵权案件二审过程中，国家知识产权局作出无效宣告决定，宣告尚亨中涉案方法发明专利权全部无效。无效对比文件为专利号为 200720083310. X、名称为“新型纸碗机”的中国实用新型专利，代理律师之前也将该实用新型专利作为现有技术抗辩的证据提交给法院。由于尚亨中据以起诉的专利已经被国家知识产权局依法宣告全部无效，最高人民法院撤销了柳州市中级人民法院(2018)桂 02 民初 330 号民事判决，裁定驳回尚亨中的起诉，未进一步对该案不侵权抗辩与现有技

术抗辩进行实体审理。

但在尚亨中诉云南康洁纸业有限公司、云南泓大绿康纸塑制品有限公司、昆明汇达源纸业有限公司、昆明市官渡区洁达纸杯厂、昆明米乐商贸有限公司等五家被告侵害发明专利权纠纷系列案件中，昆明市中级人民法院采纳了代理律师的抗辩观点，认定五家被告的排版技术方案与尚亨中专利排版方法不相同也不等同，没有落入尚亨中专利权的保护范围，鉴于被告的不侵权抗辩已经成立，昆明市中级人民法院对现有技术抗辩是否成立没有作出认定。

在该系列案件中，尚亨中均将再审法院认定侵权的判决作为证据提交给昆明市中级人民法院，昆明市中级人民法院顶住压力，在查明尚亨中专利保护范围、被诉侵权技术方案的基础上，认定尚亨中应当对专利权受到侵害的事实承担举证责任，并最终认定被告不侵权抗辩成立，遂判决驳回原告尚亨中的全部诉讼请求。

五、律师评析

2019 年 8 月，律师团队收到最后一封最高人民法院的裁判文书，这意味着谭明进律师团队代理的 30 余家纸塑专利侵权案件取得全面胜利，其中尚亨中诉恒兴公司侵害发明专利权纠纷案曾被评为 2014 年云南省知识产权司法保护十大典型案例之首，尚亨中诉柳州市柳南区浩千塑料制品厂侵害发明专利权纠纷案曾被评为 2018 年广西法院知识产权审判十大案件之首。由于尚亨中诉恒兴公司侵害发明专利权案件经过最高人民法院发回重审、云南省高级人民法院再审认定侵权成立，使得全国范围内的纸杯纸碗生产企业面临一场严峻的考验，在案件代理伊始绝大多数客户对打赢官司几乎不抱希望,仅寄托于通过专业律师的努力最大限度降低损失。

而本案核心争议正如最高人民法院再审裁定所述:尚亨中的涉案专利为“纸碗或纸杯的筒纸片排版方法”的发明专利,依据专利侵权判定的基本方法,一审、二审法院首先应当查明被诉侵权方法的具体内容。一审庭审中,恒兴公司承认其使用非对称筒纸片生产产品,但主张筒纸片是依照桂绍武研发的方案编排的,而一审法院最终也未查明和确定被诉侵权方法的具体内容,二审法院也未进一步查明被侵权方法的具体内容。代理律师通过积极调查取证,查明了筒纸片排版方法实现无废料模切的数学原理,检索出先于尚亨中专利申请之前重要的现有技术专利文件,灵活运用民事诉讼举证规则,为系列案件全盘胜利奠定了坚实的基础。

律师简介

谭明进,盈科重庆高级合伙人、知识产权法律事务部主任,取得执业专利代理师、工程师职称,曾先后从事汽车电子产品研发、集团法务与知识产权管理等工作。

肖传江,北京盈科(重庆)律师事务所律师,执业专利代理师,曾就职于某研究所担任技术工程师以及某世界五百强外企担任专利工程师。

9.

清除在先商标障碍，被宣告无效商标终获授权

——再审申请人绍兴咸亨食品股份有限公司
与被申请人国家知识产权局、一审第三人
安庆市高平老奶奶食品有限责任公司
商标权无效宣告请求行政纠纷案

闫东伟

最高人民法院(2020)最高法行再166号

一、案情简介

再审申请人(一审原告、二审上诉人):绍兴咸亨食品股份有限公司。住所地:浙江省绍兴市绍三线永仁路。

被申请人(一审被告、二审被上诉人):国家知识产权局。住所地:北京市海淀区蓟门桥西土城路。

一审第三人:安庆市高平老奶奶食品有限责任公司。住所地:安徽省

安庆市怀宁县工业园(高河)。

绍兴咸亨食品股份有限公司(一审原告、二审上诉人、再审申请人,以下简称咸亨公司),股票挂牌上市公司。前身咸亨酱园始建于清乾隆元年(1736年),现为中国最大腐乳出口企业,生产经营腐乳、酱油、黄酒等调味食品已有280多年历史,产品遍布全国、东南亚、欧美等国家和地区,产销量位居全国腐乳行业前列,屡登"浙江省名牌产品"荣榜。

咸亨公司于2014年11月26日申请注册第15799386号"老奶奶"文字商标(以下简称诉争商标),专用权期限至2026年1月20日,核定使用在(第29类)"腌小黄瓜;酱菜;腐乳;花生酱;芝麻酱;桂花;豆腐;冬菇;木耳;萝卜干"商品上。该商标与其主营业务息息相关,系其核心商标。

安庆市高平老奶奶食品有限责任公司(一审第三人,以下简称高平老奶奶公司)于2013年1月18日申请注册第12068521号"何記老奶奶HEJILAONAINAI"文字商标(以下简称引证商标一),专用权期限至2025年8月13日,核定使用在(第29类)"肉;鱼制食品;水果罐头;果肉;腌制蔬菜;蛋;牛奶制品;食用油脂;加工过的坚果;干食用菌"商品上。高平老奶奶公司于2013年12月24日申请注册第13792437号"怪奶奶"文字商标(以下简称引证商标二),专用权期限至2025年3月6日,核定使用在(第29类)"蛋;干食用菌;加工过的花生;加工过的坚果;牛奶制品;肉;食用油脂;以果蔬为主的零食小吃;鱼制食品;腌制蔬菜"商品上。

高平老奶奶公司就咸亨公司所持"老奶奶"商标向原国家工商行政管理总局商标评审委员会(以下简称商标评审委员会)提出了商标无效宣告程序。对此,咸亨公司提交了以下证据材料:(1)获奖证明;(2)股票挂牌上市证明;(3)商标查询清单;(4)销售区域清单、部分发票及商品包装瓶贴;(5)诉争商标品牌产品在网站上的相关信息作为证据,主张诉争商标在"腌小黄瓜、酱菜、腐乳、花生酱、芝麻酱、桂花、冬菇、木耳、萝卜干"商品上的注册应予维持。

商标评审委员会于2018年4月24日作出商评字〔2018〕第72951号关于诉争商标无效宣告请求裁定(以下简称被诉裁定)。商标评审委员会认为:

诉争商标在"腌小黄瓜、酱菜、腐乳、花生酱、芝麻酱、桂花、冬菇、木耳、萝卜干"商品上的使用与引证商标一、引证商标二构成相同或类似商品上的近似商标。诉争商标在"豆腐"商品上的使用与引证商标不构成相同或类似商品上的近似商标。诉争商标在"豆腐"商品上予以维持,在其余商品上予以无效宣告。

二、原裁判内容及存在的问题

本案代理律师经过检索分析,发现咸亨公司在高平老奶奶公司注册"何記老奶奶"及"怪奶奶"等商标之前,早在类似商品群组注册了"老奶奶"商标,因此认为有理由主张诉争商标是对其在先的第1946076号"老奶奶"商标的延续性注册,该商标经过大量使用,其形成的商誉可以延及于诉争商标。因此,咸亨公司就被诉裁定向法院提起行政诉讼。并提交了以下证据材料:(1)第1946076号"老奶奶"商标注册证、商标变更证明及续展证明,证明该商标于2001年由案外人提出申请,2003年获准注册,咸亨公司于2010年从案外人处受让该商标;(2)高平老奶奶公司工商登记信息。相关商标具体注册时间先后顺序如图1所示:

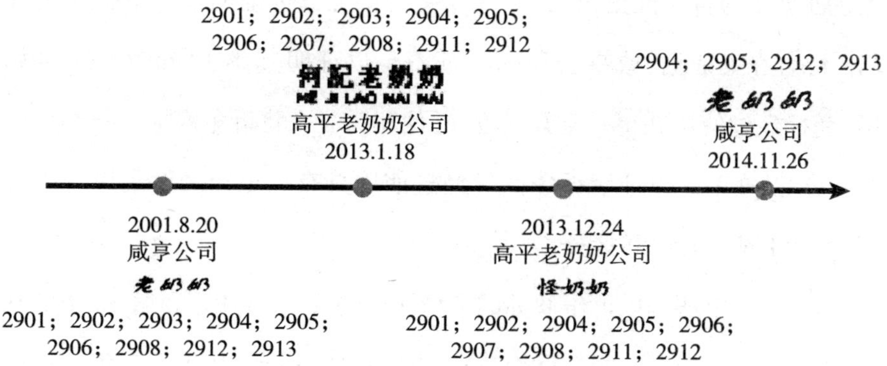

图1　相关商标具体注册时间先后顺序

一审法院认为，本案的争议焦点为诉争商标在"腌小黄瓜、酱菜、腐乳、花生酱、芝麻酱、桂花、冬菇、木耳、萝卜干"商品上的申请注册是否违反了《商标法》第30条的规定。对此，一审法院认为，商标注册人对其注册的不同商标享有各自独立的注册商标专用权，先后申请注册的商标之间不当然具有延续关系，除非有证据证明在先的基础商标经过使用获得一定知名度，并使相关公众将其在相同或类似商品上在后申请注册的相同或者近似商标与该基础商标联系在一起，并认为使用两商标的商品均来自该商标注册人或与其存在特定联系，这种情况下基础商标的商业信誉才有可能会延续到在后申请注册的商标，而本案中，咸亨公司主张其于1995年开始使用第1946076号"老奶奶"商标，但其未能提交证据加以证明。咸亨公司提交的获奖方面的证据，形成时间均在咸亨公司受让第1946076号"老奶奶"商标前，并且奖项涉及的是"咸亨"商标或其他商标，与"老奶奶"商标无关。咸亨公司提交的发票显示"老奶奶"系与"咸亨"一起使用，咸亨公司提交的图片均无法证明形成时间，"老奶奶"亦系与"咸亨"一起使用，且"咸亨"明显标注了注册商标标示"R"。咸亨公司的上述证据多为自制证据，在无其他相关证据加以佐证的情况下证明力较弱。综合在案证据，咸亨公司的举证不足以证明其第 1946076 号“老奶奶”商标经过使用获得一定知名度，并使相关公众将诉争商标与该商标联系在一起；亦不足以证明诉争商标经过使用具有一定知名度足以与引证商标一、引证商标二相区分。

因此，一审法院以诉争商标的申请注册违反了《商标法》第 30 条的规定为由，驳回了咸亨公司的诉讼请求。咸亨公司不服，上诉至二审法院。

二审法院认为，《商标法》第 30 条规定：“申请注册的商标，凡不符合本法有关规定或者同他人在同一种商品或者类似商品上已经注册的或者初步审定的商标相同或者近似的，由商标局驳回申请，不予公告。”虽咸亨公司称其已收到国家知识产权局（一审被告、二审被上诉人、再审被申请人）作出的对引证商标一、引证商标二在部分商品上无效宣告的裁定书，但根据在案证据，引证商标一、引证商标二至本案审理时仍为有效的在先注册商标，构成诉争商标获准注册的在先权利障碍，咸亨公司的相关上诉理由不能成立，二审法院不予支持。

此外咸亨公司主张诉争商标是对基础商标的延伸注册，旨在证明诉争商标应予维持注册。商标注册人对其注册的不同商标享有各自独立的商标专用权，其先后注册的商标之间不当然具有延续关系。诉争商标与基础商标核定使用的商品有所不同，且咸亨公司提交的证据不足以证明基础商标经过使用足以影响诉争商标的注册，进而使诉争商标与各引证商标相区分。诉争商标与引证商标一、引证商标二若使用在相同或类似商品上，容易使相关公众产生混淆误认，构成近似商标。诉争商标的注册违反了《商标法》第 30 条之规定。

对于商标无效宣告是否可作为证据使用问题，由于诉争商标的审查受到其形成时间、形成环境、在案证据情况等多种因素影响，其他商标的申请、审查、核准情况与本案没有必然的关联性，亦不能成为本案的定案依据。商标审查标准一致性规则应当考量审查机关、审查事由和审查时空的差异性等因素，且司法审查作为商标授权、确权行政案件合法性审查的终局性结论，可以对诉争商标是否违背商标法具体条款的规定作出独立性判断。二审法院据此认为商标评审委员会及一审法院的认定正确，维持了一审判决。

如果在商标评审委员会作出的商标无效决定的事实依据已经发生变化的情况下，仍考虑在行政诉讼中仅针对行政机关的具体行政行为进行合法性审查，而忽视客观事实对案件走向的决定性影响，则所作出的判决将违背“以事实为根据、以法律为准绳”的原则，既不符合商标权作为民事权利的属性，又阻碍了权利人合法维权的通道，与《商标法》维护商标权利人的立法初衷相悖。二审法院在收到咸亨公司提交的引证商标一、引证商标二的无效宣告裁定后，仍然以在国家知识产权局官网上不能查询到引证商标一、引证商标二的无效宣告公告为由，作出维持判决，且忽视了法院对商标的司法审查亦需考虑其他可能影响诉争商标有效性的相关商标的申请、审查、核准情况，因此二审判决并非完全基于变化后的案件实际情况和相关法律规定而作出。此外，对于《商标法》第 45 条第 3 款规定“商标评审委员会在依照前款规定对无效宣告请求进行审查的过程中，所涉及在先权利的确定必须以人民法院正在审理或者行政机关正在处理的另一案件的结果为依据的，可以中止审查”的法律适用标准仍然较为模糊，在司法实务中法院还是较少同意商标权利人向法院提出引证商标已经被提出异议、争议甚至撤销、转让等而希望中止审理的请求。

三、再审办案策略及律师工作

代理律师认为，在商标注册过程中、商标无效行政程序中以及后续的行政诉讼程序中，商标近似的标准应该是一致的，若依据被诉裁定的判断标准，则咸亨公司在2001年申请的“老奶奶”商标理应构成本案中高平老奶奶公司的两个引证商标的在先申请障碍。遂代理律师在本案一审、二审中整理了如下代理思路：(1)商标评审委员会无效宣告尺度与商标局商标注册审核标准存在脱节，应当趋于一致；(2)涉案“老奶奶”商标系2001年商标权利的延伸注册保护，不应被宣告无效；(3)在诉讼进程中同时对涉案高平老奶奶公司两个引证商标提出无效宣告程序，成功以咸亨公司2001年在先申请注册的“老奶奶”为引证商标，将本案涉案的两个引证商标成功予以无效宣告，清除了在先权利障碍；(4)在本案代理律师对高平老奶奶公司的两个涉案引证商标提出无效宣告的同时，高平老奶奶公司也在诉讼期间对咸亨公司于2001年注册的“老奶奶”商标提出了连续3年不使用的撤销申请，代理律师积极进行了“撤三”答辩，使得在先商标被成功维持，之后针对咸亨公司目前的商标状况，建议咸亨公司对核心商品项目进行补充注册，以全面防范风险。

四、再审逆转内容的裁判要旨及结果

本案经过一审、二审、再审三个阶段，代理律师最终在二审判决维持被诉裁定后，等到了国家知识产权局商标局对两个引证商标的注册商标无效宣告，且在“撤三”答辩中成功维持了咸亨公司2001年申请的“老奶奶”商标。代理律师遂向最高人民法院提起了再审程序。经最高人民法院再审审理后，其撤销了原国家工商行政管理总局商标评审委员会作出的被诉裁定，并判决国家知识产权局重新作出商标无效宣告请求裁定，后成功维持了咸亨公司在核心商品项目上的注册商标[详见：(2020)最高法行再166号判决书]。

最高人民法院的改判理由如下：一审、二审法院均以相同的理由支持了商标评审委员会的裁定，判决维持被诉裁定。上述裁判均以引证商标一、引证商标二的合法有效为事实前提。但在案件事实发生变化后，审理依据也相应发生变化。

根据再审期间查明的事实，引证商标一、引证商标二在“肉；鱼制食品；水果罐头；果肉；腌制蔬菜；蛋；食用油脂；干食用菌”商品上均已被宣告无效，而仅在“牛奶制品、加工过的花生、加工过的坚果”商品上予以维持有效，故引证商标一、引证商标二仅在上述商品上对诉争商标构成权利障碍。引证商标一、引证商标二维持有效的“牛奶制品、加工过的花生、加工过的坚果”与诉争商标核定使用的“腌小黄瓜；酱菜；腐乳；桂花；豆腐；冬菇；木耳；萝卜干”商品不构成类似商品，故诉争商标在上述商品上应予维持有效；与“花生酱；芝麻酱”商品构成类似商品，故诉争商标在“花生酱；芝麻酱”商品上应予无效。

鉴于一审、二审判决均以引证商标一、引证商标二合法有效为事实前提，本案引证商标一、引证商标二的注册在部分商品上已被国家知识产权局宣告无效，该裁定已发生法律效力，一审、二审判决所依据的主要事实，即引证商标一、引证商标二在部分商品上注册的合法性已不存在，本案诉争商标的在先权利障碍已部分消除，商标评审委员会作出的被诉裁定应当予以撤销。

五、律师评析

本案的当事人为一家老字号企业，涉案商标为核心商标，并且投入使用多年在业内产生了影响力，如果不能得到法律保护将产生很大的损失。本案是一件成功运用“商标无效程序”解决商标与在先商标权利冲突的问题，历经一审、二审、再审三个程序，最终但能够达成目的，与律师的专业经验和勤勉是分不开的，诉讼程序和商标无效行政程序并行，将引证商标一、引证商标二成功无效，最终使得客户的商标得以维持。

本案运用“商标无效程序”成功将涉案的引证商标成功无效，最终获得再审胜诉的经验还是值得分享，可以给承办类案的同行提供一点参考。

（一）仔细研读此类案件的审判观点和态度，在诉讼中制定严密的诉讼策略和方案

代理律师在接受委托后，详细查考了之前商标无效程序中的相关材料，在本案一审、二审中整理了如下代理思路：(1)商标评审委员会无效宣告尺度与商标局商标注册审核标准存在脱节，应当趋于一致；(2)涉案“老奶奶”商标系 2001 年商标权利的延伸注册保护，不应被宣告无效；(3)在诉讼进程中同时对涉案高平老奶奶公司两个引证商标提出无效宣告程序，成功以咸亨公司 2001 年在先申请注册的“老奶奶”为引证商标，将本案涉案的两个引证商标成功予以无效宣告，清除了在先权利障碍。

根据《最高人民法院关于审理商标授权确权行政案件若干问题的规定》第 28 条规定：人民法院审理商标授权确权行政案件的过程中，国家知识产权局对诉争商标予以驳回、不予核准注册或者予以无效宣告的事由不复存在的，人民法院可以依据新的事实撤销国家知识产权局相关裁决，

并判令其根据变更后的事实重新作出裁决。

这是再审能达到预期的法律依据和律师根据该规则做出预判和指导方案的理由所在。

（二）在处理商标无效行政诉讼案件过程中应依据实际情况，灵活处理，结合商标无效行政程序将障碍商标清除，方能实现诉讼目的

本案代理律师在接受委托后，详细研读了涉案商标的无效行政程序材料，发现依据《商标法》相关规定，涉案的引证商标一、引证商标二权利不稳定，被无效的成功概率较高，因此建议企业及时提起商标无效程序，对涉案两个引证商标提起无效程序，最终无效裁定将引证商标一、引证商标二在“肉；鱼制食品；水果罐头；果肉；腌制蔬菜；蛋；食用油脂；干食用菌”商品上均已被宣告无效，而仅在“牛奶制品、加工过的花生、加工过的坚果”商品上予以维持有效，故引证商标一、引证商标二仅在上述商品上对诉争商标构成权利障碍。引证商标一、引证商标二维持有效的“牛奶制品、加工过的花生、加工过的坚果”与诉争商标核定使用的“腌小黄瓜；酱菜；腐乳；桂花；豆腐；冬菇；木耳；萝卜干”商品不构成类似商品，故诉争商标在上述商品上应予维持有效；与“花生酱；芝麻酱”商品构成类似商品，故诉争商标在“花生酱；芝麻酱”商品上应予无效。最终最高人民法院撤销了原无效裁定书，使得涉案商标最终予以维持。

（三）承办律师对案件的最终胜诉的信心、流程细节的监控和执业勤勉度，对案件的成功也有帮助作用

本案件一审到最高人民法院再审历时3年多，司法3个程序和2个无效的行政程序。在司法程序，代理律师坚持认为，商标评审委员会无效宣告尺度与商标局商标注册审核标准存在脱节，应当趋于一致；涉案“老奶

奶”商标系2001年商标权利的延伸注册保护，不应被宣告无效的两个观点，并详细论证了我方的上述观点；另外在司法程序外，承办律师在每一个司法程序都有提交关于引证商标的无效证据供法院参考，让承办法官知道诉争商标仍在持续使用，同时知晓引证商标已经被提起无效程序；对引证商标权利的变化进展及时向法院提供相应的证据，把握案件流程与细节，从工作上做到勤勉尽责，也使得引证商标被公告无效后，第一时间最高人民法院就受理了我们的再审申请，及时做出再审裁定。

案件经历一审、二审、再审三个程序，代理律师在该案中，多次强调法官不能被动消极应对该类案件，商标是否近似的认定，在各个程序中应该一致，经过再审，成功帮助咸亨公司维护了核心商品项目上的商标注册。该案件，针对国家知识产权局在审查商标行政案件、商标行政许可中的审查标准的统一，有一定的督促借鉴作用，对商标行政案件审查等相关案件也有较强的借鉴意义。

律师简介

闫东伟律师，法律硕士，具有复合的专业背景，本科阶段取得法学和工学双学位，盈科南京高级合伙人、律师、专利代理师，盈科全国信息网络与高新技术委员会主任、盈科南京管委会副主任、知识产权与互联网法律事务部主任、青年律师工作委员会主任、南京市律协信息网络与高新技术委员会副主任、知识产权法律委员会委员、专业律师人才库成员（知识产权）、江苏省版权协会中心调解员、《法治日报》首批律师专家库成员、泰州学院特聘教授（知识产权）。

10.

申请商标注册不得损害他人在先著作权

——深圳市载途科技有限公司与国家知识产权局、第三人马某商标权无效宣告请求行政纠纷再审案

王承恩　史彩云

最高人民法院(2020)最高法行再130号

一、案情简介

深圳市载途科技有限公司(以下简称载途公司)的创始人陈伟峰,自2001年开始在深圳组织“磨房百公里”户外徒步活动,影响力逐渐提升。陈伟峰自2004年3月起,陆续在第38类、第39类、第43类、第25类和第18类等商品或服务类别上申请普通字体的“磨房”商标,并取得注册证。2006年3月,陈伟峰又在第43类、第22类、第16类等商品或服务类别上申请普通字体的“磨房”商标,且也取得注册证。后续这些普通字体的“磨

房”注册商标均于2015年3月从陈伟峰名下转让至载途公司。

随着“磨房”品牌在户外运动中越来越有影响力，载途公司启动品牌升级项目，由创始人陈伟峰于2012年5月与筹备期间的元空间公司创始人席某达成口头协议，委托元空间公司提供磨房品牌优化服务。

元空间公司于2012年10月26日完成磨房品牌的新图样的设计，并与载途公司签订补充协议，约定新图样的全部知识产权归属载途公司。之后元空间公司创始人、法定代表人席某与载途公司的创始人、法定代表人陈伟峰之间有多封邮件往来，邮件附件中包含“磨房”图样的设计内容。之后，载途公司支付了元空间公司设计服务费。2013年以后，载途公司及全资子公司深圳市载途文化传播有限公司采纳元空间公司的设计成果，启用新的“磨房”图样作为企业标识及商标，并广泛使用在组织的各类徒步、骑行等户外活动以及载途公司参加或者举办的展览活动中。载途公司还于2013年10月11日在第43类服务上申请了第13339882号“磨房驿栈”商标。

第三人马某于2015年3月13日，在第6类“金属标志牌”等商品上申请第16486942号“磨房”商标，并于2016年4月28日注册公告。

载途公司就第三人马某注册的该第16486942号“磨房”商标向国家工商行政管理总局商标评审委员会（以下简称商评委）提出了无效宣告请求，同时提交了与本案有关的磨房品牌优化项目合作协议、磨房视觉识别手册、载途公司所获荣誉、“磨房百公里”户外徒步活动照片等，后续又补充提交了载途公司向元空间公司付款的凭证。

商评委认为：

1. 载途公司提交的证据未涉及金属标志牌等商品，不能证明其将“磨房”商标使用在金属标志牌等商品或与之类似的商品上，并使之具有一定影响，故诉争商标未构成《商标法》第 32 条所指“不得以不正当手段抢先注册他人已经使用并有一定影响的商标”的情形。

2. 载途公司提交的证据中有与元空间公司于 2012 年 5 月 22 日签订的磨房品牌优化项目合作协议，但根据其提交的元空间公司的企业信息可知，元空间公司成立日期为 2012 年 7 月 4 日，且协议中并无设计图样；该协议中项目交付物并不包括“磨房”视觉识别手册，且该手册并未体现制作者和制作时间，不能证明该手册与上述协议存在必然联系，故不能证明载途公司对“磨房”作品享有著作权。载途公司提交的其余证据亦不能证明载途公司对“磨房”作品享有著作权。

综上所述，商评委认为诉争商标的注册未违反《商标法》第 32 条关于“不得损害他人现有的在先权利”的规定，载途公司的无效宣告理由不成立，并裁定诉争商标予以维持。

二、原裁判内容及存在的问题

载途公司向法院提起行政诉讼，并向一审法院补充提交了在商标评审阶段未向商评委提交的新证据材料，包括元空间公司先后出具的两份《情况说明》，声明其与载途公司签订的《磨房品牌优化项目合作协议》系对签订日期进行了倒签。

一审法院还补充查明载途公司提交的作品著作权登记证所记载的作

品完成时间是2012年10月26日，登记时间为2017年6月30日。

但一审法院并没有支持载途公司认为诉争商标的注册违反了《商标法》第32条而应宣告无效的主张，理由如下：

首先，由于作品著作权登记证中所记载的内容源于当事人在证书办理过程中的自述，故在缺乏其他证据予以佐证的情况下，仅凭该证书记载的内容，不能得出其中记载的相关作品已经先于诉争商标申请日完成并公开发表的必然结论。

其次，就《磨房品牌优化项目合作协议》等证据而言，《磨房品牌优化项目合作协议》系载途公司与案外人元空间公司签订，签订时间为2012年5月22日，然而元空间公司的成立日期为2012年7月4日，其成立时间晚于合作协议的签订日，上述日期时间显然存在矛盾。此外，虽然元空间公司先后于2017年6月16日、9月1日出具两份《情况说明》，声称其签订的《磨房品牌优化项目合作协议》系对签订时间进行了倒签，但其所声称之内容系在待证事实发生5年后、对5年前之情形进行的说明，且其声称之签订时间与《磨房品牌优化项目合作协议》中记载的签订日期不符。鉴于此，在缺乏其他证据予以佐证的情况下，现有证据无法证明载途公司拥有先于诉争商标申请日而形成的著作权。

最后，载途公司所提交的证据均不足以证明其在中国大陆地区在与金属标志牌等相同或类似商品上实际使用过与诉争商标相同或者近似的商标、并通过使用行为使该商标产生了一定的影响。商评委关于诉争商标未违反《商标法》第32条之规定的认定正确，对此予以支持。

一审法院从而驳回载途公司的诉讼请求。载途公司不服，上诉至二审法院。

在一审过程中,载途公司对其法定代表人陈伟峰与元空间公司创始人、法定代表人席某之间往来的、附件中包含"磨房"图样的设计方案的邮件进行了电子证据固定。二审上诉时对这些邮件进一步通过公证的形式进行了取证。

载途公司还通过技术手段发现并补充了可以证明以下事实的证据:第三人马某于2012年3月1日注册成为载途公司经营的"磨房网"的用户,并分别于2012年3月17日、2013年3月24日、2014年3月22日参加了载途公司组织的当年"磨房百公里"活动;特别是第三人马某在2014年3月22日参加"磨房网"组织的户外活动时,其所佩戴的标志牌上还突出使用了涉案"磨房"标志。

但二审法院仍然没有接受载途公司的上诉理由。二审法院在判决书中认为:著作权法保护的作品需要具有独创性。涉案"磨房"图样可以被识别为"磨房"二字,这两个字并非手写字体,虽然"磨"字中的组成部分"石"有一定的变化,但涉案图样整体上并未达到《著作权法》保护作品所要求的基本创作高度,不能体现出审美意义,故涉案图样不具有独创性,未构成《著作权法》保护的美术作品。鉴于该涉案图样未构成作品,载途公司主张的在先著作权亦不能成立。

此外,二审法院还认为载途公司虽然有在相关活动的纪念牌、标志牌上使用"磨房"字样的照片,但上述使用仅是宣传推广其组织的活动,并非在诉争商标核定使用的金属标志牌等商品进行商标法意义的使用,故载途公司提交的证据不足以证明其在诉争商标核定使用的商品或者类似商品上在先使用了"磨房"商标且具有一定影响。因此,诉争商标的申请注册未构成《商标法》第32条规定的“以不正当手段抢先注册他人已经使用并有一定影响的商标”的情形。

二审法院从而认为商评委及一审法院的认定正确，维持了一审判决。

相较而言，一审法院只是认为现有证据无法证明载途公司拥有先于诉争商标申请日而形成的著作权，以及无法证明载途公司通过使用行为使“”商标产生了一定的影响。这两点缺陷能通过补充证据来取得支持。二审法院则在收到相应补充证据后，进一步否定了载途公司提出诉争商标无效的事由，理由对载途公司更加不利：(1)“”图样未构成著作权法保护的作品，载途公司不能基于该图样而享有在先著作权。(2)载途公司在纪念牌、标志牌上使用“”图样并非商标法意义上的使用行为。

三、再审办案策略及律师工作

本案进入再审程序的关键在于发掘并展示证明第三人马某申请诉争商标时的主观恶意，同时还要就载途公司对于“”图样享有在先著作权的核心事实加强论述。

而且，此时马某还向不同的法院、市场监管部门和公安机关起诉或举报载途公司涉嫌民事侵权，甚至刑事犯罪，导致载途公司一度无法正常开展经营活动。代理人在巨大的压力下开展了以下工作：

(一)完善和梳理证据向最高人民法院申请再审

在一审和二审证据的基础上，代理人制作了包含时间轴、关键证据图片的演示文稿，并就焦点问题梳理出关键证据表单提交最高人民法院，以方便负责审核再审申请的法官快速了解案件的来龙去脉,并抓住核心要点。

(二)进一步暴露马某恶意抢注,以牟取不正当利益的主观意图

在马某起诉载途公司涉嫌商标侵权并索赔近200万元的案件中,代理载途公司出庭并向马某发问其是否在申请诉争商标之前多次参加载途公司组织的“磨房百公里”户外徒步活动,在得到肯定回答后,请求法院记录在案,并将该案庭审笔录作为补充证据提交给最高人民法院。

最高人民法院裁定提审本案后,第三人马某在开庭审理中也再次亲口承认其参加了上述活动,但主张上述活动是免费的,而且此类活动与诉争商标核定使用的商品类别无关,并表示经其咨询,商标注册代理机构认为诉争商标注册在第6类金属标志牌等商品上不侵权不违法。

(三)启动第二次无效宣告程序

由于担心在诉讼程序中后续补充的证据不被采信,又需要尽快达到宣告诉争商标无效的目标,因此代理人还代理载途公司,以起诉之后发现的证据作为新证据,对诉争商标启动第二次无效宣告程序。

四、再审逆转内容的裁判要旨及结果

最高人民法院的再审判决撤销了二审判决和一审判决,以及商评委的裁定书,并判决商评委就争议商标重新作出复审决定。最高人民法院主要在以下四个方面纠正或补充了二审法院的意见:

(一)认为涉案“磨房”标志构成《著作权法》上的作品

最高人民法院认为:在涉案“磨房”标志中,“磨”字里的“石”没有

使用常规写法，而是结合载途公司主办的“磨房网”名称的含义，将其设计成石磨上沟槽形状的旋绕图样，“房”字里的“方”字最后一笔也设计成一横，与“石”字下端笔画保持一致，而且“磨房”二字的整体设计也明显不同于其常见字体，因此，涉案“磨房”标志具有独创性，构成受著作权法保护的美术作品。

（二）载途公司的证据可以证明其享有在先著作权

最高人民法院认为：虽然合作协议的签订日期是倒签，但结合元空间公司于 2012 年 10 月 30 日向载途公司交付设计成果、载途公司分别于 2012 年 10 月 31 日和 2013 年 1 月 6 日通过银行向元空间公司支付了合作协议约定的费用以及载途公司在先申请含有涉案“磨房”标志的第 13339882 号“磨房驿栈”商标的事实，可以认定载途公司委托元空间公司设计了涉案“磨房”标志以及载途公司对涉案“磨房”标志享有著作权。

（三）第三人马某在诉争商标申请日之前接触了涉案“磨房”标志

马某连续三年参加了载途公司组织的 2012 年度、2013 年度、2014 年度“磨房百公里”户外徒步活动，佩戴过使用了涉案“磨房”标志的标志牌，实际接触了涉案“磨房”标志。马某于 2015 年申请的诉争商标中的“磨房”二字与涉案“磨房”标志完全相同，其行为侵害了载途公司的在先著作权。

（四）诉争商标申请注册属于以不正当手段抢先注册载途公司已经使用并有一定影响的商标

最高人民法院认为：载途公司于2013年组织的深圳“磨房百公里”活动已经是第13届，其组织的相关活动参与者人数众多；载途公司在2013年组织的活动中开始使用涉案“磨房”标志，并向活动参与者发放带有涉案“磨房”标志的金属标志牌。马某参加了载途公司于2013年和2014年组织的活动，对载途公司在金属标志牌上使用涉案“磨房”标志是应当知道的。在此情况下，马某仍然申请诉争商标，至少在与户外活动紧密相关的金属标志牌上申请诉争商标属于以不正当手段抢先注册他人在先使用并有一定影响的商标。

五、律师评析

最高人民法院在本案中很好地坚持了两个原则：

（一）坚持实事求是的原则，正确采信补充证据

在案件审理过程中，存在逐步发现线索、需要不断深入发掘并固定证据的可能性，代理人有时候限于客观现实，确实不能将全部证据一次性提交齐全。最高人民法院对于当事人后续提交的证据不是简单拒绝，而是认真甄别之后，依据程序方面的法律规定，对于确有助于证明案件关键事实的证据予以采信。

（二）坚持打击恶意抢注的原则，维护正常的市场秩序

近年来，各种商标抢注事件层出不穷。抢注人在抢注成功之后，往往

还会通过民事诉讼、行政投诉，甚至刑事举报的手段扰乱被抢注方的正常经营秩序。相应地，法院系统与国家知识产权局也共同加强了打击恶意抢注的力度，通过国家知识产权局负责处理的实质审查、商标异议、商标无效等程序，以及法院审理的行政一审、二审和再审程序，最大程度地防止恶意抢注行为得逞，维护正常市场秩序。

律师简介

王承恩律师，西南政法大学法学学士、中山大学民商法硕士。原创维集团知识产权负责人，现任盈科律师事务所第四届全国知识产权法律专业委员会主任。盈科深圳第四届、第五届管委会委员、知识产权法律事务中心主任、高级合伙人。入选工信部工业和信息化领域知识产权专家库、深圳市市场监督管理局知识产权专业委员会专家、长沙市知识产权局维权援助专家库专家、中南财经政法大学知识产权研究中心兼职研究员。

史彩云律师，盈科深圳专职律师，汕头大学学士，曾任深圳市中级人民法院知识产权庭法官助理。

11.

申请商标注册不得损害他人已经具有一定市场知名度的在先字号权

——深圳创维-RGB电子有限公司与国家工商行政管理总局商标评审委员会、第三人中山市某公司商标争议行政纠纷再审案

王承恩　廖柏寒

最高人民法院(2012)行提字第22号

一、案情简介

深圳创维-RGB电子有限公司(以下简称创维公司)成立于1988年3月8日,生产经营范围包括:彩色电视机、监视器、显示器、视听器材、通信器材、声光电子玩具等。

创维公司于1991年5月3日向国家工商行政管理总局商标局(以下简称商标局)提出第590243号"创维SKYWORTH"商标(以下简称引证商标)的注册申请,并于1992年4月10日被核准注册,核定使用商品为第

9类上的"电视机、收音机、收录机、收音录音机、投影机、监视器、录像机、录影机、传真机"等商品。

中山市某公司(以下简称中山公司)于2000年3月22日向商标局提出第1586269号"创维SKYHIGH"商标(以下简称争议商标)注册申请,于2001年6月14日被核准注册,核定使用商品为第9类上的"假币检测器、衡量器具、电测量仪器、救生器械和设备、电源材料(电线、电缆)、避雷器、电焊设备、电门铃、电子防盗装置、电熨斗"等。

2004年2月20日,商标局下发商标驰字【2004】第31号《关于认定"SKYWORTH创维"商标为驰名商标的批复》,认定创维公司使用在第9类电视机、收录机商品上的"SKYWORTH创维"注册商标为驰名商标。

2004年12月24日,创维公司以争议商标的注册违反了《商标法》(注:本案中的《商标法》均为2001年修订和发布的文本)第28条、第31条规定为由,向国家工商行政管理总局商标评审委员会(以下简称商评委)提出撤销申请,理由是:(1)争议商标与引证商标构成类似商品上的近似商标;(2)引证商标为驰名商标,应当获得扩大保护;(3)争议商标损害了创维公司的在先字号权。

2009年5月4日,商评委作出商评字〔2009〕第11698号《关于第1586269号"创维SKYHIGH"商标争议裁定书》(以下简称第11698号裁定)。商评委在该裁定中认定:

1. 争议商标指定使用的假币检测器等商品与引证商标指定使用的电视机等商品在功能、用途等方面存在区别,不属于类似商品。故两商标不构成类似商品上的近似商标。

2. 创维公司的证据不足以证明其企业名称在争议商标申请日之前就已

经具有了很高的知名度,故对其关于争议商标侵犯其企业字号权的主张不予支持。创维公司在第9类电视机、收录机商品上的“创维 SKYWORTH”商标被认定为驰名商标的时间是2004年2月25日,晚于争议商标申请日2000年3月22日,且创维公司提供的现有证据也不足以证明其商标在争议商标申请日之前就已经是驰名商标。综上所述,依据《商标法》第43条的规定,裁定争议商标予以维持。

二、原裁判内容及存在的问题

创维公司不服商评委的裁定,向法院提起行政诉讼。

一审法院认为:创维公司在诉讼阶段补充提交的证据材料不是商评委作出第11698号裁定的依据。创维公司在商标评审阶段提交的证明其企业字号知名度的证据与前述证明驰名商标的证据相同,这些证据材料不足以证明创维公司的企业名称在争议商标申请日之前已经具有了较高的知名度,并且创维公司的经营范围也与争议商标的核定使用商品不同,故创维公司有关争议商标侵犯其在先权利的主张缺乏事实依据。一审法院依照《行政诉讼法》第54条第1项之规定,判决维持商评委第11698号裁定。

创维公司不服提起上诉,其理由为:

1. 新时代公司长期抢注他人的知名商标,侵犯他人的在先合法权利,构成不正当抢注行为,严重违反了诚实信用原则。原审法院未审理上诉人提交的新的证据,导致认定事实错误。

2. 争议商标与引证商标构成类似商品上的近似商标。争议商标与引证商标的汉字部分完全相同,并且两者字体完全相同,英文部分也很近似，构成近似商标。此外，争议商标与引证商标所核定使用的商品都是第9类商品，同属于电子类商品，属于类似商品。

3. 争议商标的注册已构成针对引证商标的复制、模仿，容易误导公众，并可能损害创维公司的利益，根据《商标法》第13条第2款的规定，该争议商标应予撤销。

4. 争议商标损害了创维公司的在先商号权。

5. 创维公司提交的新的证据符合最高人民法院相关司法解释的规定，这些证据足以证明新时代公司注册争议商标的行为具有恶意。

创维公司请求撤销一审判决及商评委第11698号裁定，并向二审法院补充了两份证据：

1. 广东知识产权保护协会于2010年1月18日出具的《关于第1586269号创维商标调解情况的说明》，内容为创维公司与中山公司于2010年1月15日在广东知识产权保护协会的主持下就争议商标进行调解，创维公司愿意对中山公司就争议商标的申请费用进行合理补偿，而中山公司提出在争议商标行政案件二审结束前，向创维公司转让争议商标的价格为人民币350万元。双方未达成一致意见。

2.《深圳商报》2009年11月18日B5版，内容为广东某商标事务所代理转让争议商标的广告。

二审法院全部认同商评委和一审法院的观点，并认为创维公司在本案二审期间提交的两份新证据对本案事实认定没有任何影响，也不能证明其上诉主张成立，不予采信。综上所述，二审判决驳回上诉，维持原判。

也就是说，一审判决和二审判决均未采信创维公司在行政诉讼期间补充的关于引证商标、创维公司在先字号知名度和第三人恶意抢注商标的证据,从而均不支持创维公司的主张。

三、再审办案策略及律师工作

(一)进行深入证据发掘,凸显争议商标注册人的抢注恶意

在2010年本案作出二审判决时,社会上还未就打击恶意注册商标形成广泛共识。为了凸显第三人中山公司申请争议商标时的主观恶意,代理人开展了细致的取证工作,包括:(1)检索第三人中山公司的全部商标申请记录。(2)分析第三人中山公司的商标申请记录,发现这些商标申请不仅分别对应不同的中外知名品牌,甚至申请的类似群组都是完美避开在先商标,从而不会被商标局引证驳回,证明中山公司的商标申请都是处心积虑进行筹划的。(3)检索第三人中山公司的其他商标申请结果,发现大多数都没有注册成功。(4)检索发现第三人中山公司的法定代表人与刊登争议商标转让广告的广东某商标代理机构的法定代表人系同一人。

(二)通过图表等可视化方式,辅助法院快速了解案情,准确提炼争议焦点

在前述申请再审的补充证据基础上,通过图表方式展示第三人中山公司申请的数十件商标大多数都对应一些中外知名品牌,并且绝大多数注册申请均被驳回。

代理人还在再审申请中强调一审和二审法院机械适用证据规则,完全不考虑创维公司在行政诉讼一审和二审过程中补充提交的证明引证商标和在先字号知名度的新证据,导致判决结果既不符合法律规定,也不符合人情常理。

四、再审逆转内容的裁判要旨及结果

最高人民法院的再审判决撤销了二审判决和一审判决，以及商评委的裁定书，并判决商评委就争议商标重新作出复审决定。最高人民法院主要在以下两个方面纠正了二审法院的意见：

（一）创维公司在一审和二审期间向法院提交的补充证据应予采纳

最高人民法院在再审判决中提及，《最高人民法院关于行政诉讼证据若干问题的规定》第2条规定：“原告或者第三人提出其在行政程序中没有提出的反驳理由或者证据的，经人民法院准许，被告可以在第一审程序中补充相应的证据。”该司法解释第59条规定：“被告在行政程序中依照法定程序要求原告提供证据，原告依法应当提供而拒不提供，在诉讼程序中提供的证据，人民法院一般不予采纳。”据此，法院对原告在行政诉讼中提交的新证据不予采纳的限定条件是“依法应当提供而拒不提供”的情形，而“不提供”的后果是法院“一般”不予采纳，并非“一概”不予采纳。

就本案而言，在商标评审程序中，创维公司提交了其引证商标被商标局认定为驰名商标的相关证据，在一审诉讼期间，为了进一步证明其引证商标及字号的知名度，创维公司又提供了其申请认定驰名商标时所提交的相关申报材料，该等证据属于补强证据，因直接影响法院的实体判决，法院依法应当予以采纳。

鉴于创维公司不存在行政程序中拒不提供证据的情形，考虑行政诉讼救济价值及立法目的是最大限度地满足当事人的权利救济需求，因而法院在行政诉讼中，除了应审查被诉具体行政行为的合法性外，还应考虑当事人诉讼请求及其提交的相关证据的合理性及合法性，依法保护相关权利人的合法权益。一审、二审法院对创维公司提交的证明其引证商标及字号知名度的证据不予采纳，不符合行政诉讼法确立的立法目的，应予纠正。

(二) 支持创维公司关于争议商标损害在先字号权的主张

最高人民法院认为：申请商标注册不得损害他人现有的在先权利。本案创维公司成立于1988年，而争议商标申请注册于2000年，期间相隔12年之久。“创维”既是创维公司的注册商标的主要部分，也是创维公司的企业字号。根据创维公司在商标评审期间及一审期间提交的相关证据，虽然不能认定引证商标在争议商标申请注册时已经达到驰名可以跨类保护的程度，但该等证据足以证明创维公司的企业字号已经具有一定的市场知名度，并为相关公众所知悉。因创维公司享有的在先字号权受法律保护，故中山公司将创维公司的“创维”字号作为自己的商标申请注册的行为，属于《商标法》第31条规定的损害他人在先权利的行为。创维公司据此申请撤销争议商标于法有据，应予支持。

五、律师评析

本案具有两方面的典型意义：

1. 最高人民法院进一步明确了在行政诉讼程序中可以依据权利救济的需求，采纳原告在行政程序后补充提交的证据。一审法院和二审法院在采信行政诉讼中原告补充提交的证据时态度比较保守。例如，二审法院在分析案件焦点之二的“创维公司提交的证据材料能否证明引证商标在争议商标申请日之前已经成为驰名商标”时，二审法院就认为“创维公司为了证明引证商标在争议商标申请日之前已经成为驰名商标，在商标评审阶段提交了几份荣誉证书，但这几份荣誉证书不足以证明引证商标在争议商标申请日之前已经在中国的相关公众中具有了较高的知名度，即不足以证明已经成为驰名商标。创维公司关于引证商标在争议商标申请日之前已经成为驰名商标应当给予跨类保护的上诉理由缺乏事实依据”。也就是说，二审法院只针对创维公司在商标评审阶段提交的证据作出评价，对于创维公司在诉讼阶段补充提交的证据一概不予考量。

与此相对应，二审法院在分析案件焦点之三“争议商标是否侵犯了创维公司的字号权”时，也坚持同样的证据标准，认为“创维公司在商标评审阶段提交的证明其企业字号知名度的证据与前述证明驰名商标的证据相同，这些证据材料不足以证明创维公司的企业名称在争议商标申请日之前已经具有了较高的知名度”。

最高人民法院则在再审判决书中明确，“一审、二审法院对创维公司提交的证明其引证商标及字号知名度的证据不予采纳，不符合行政诉讼法确立的立法目的，本院予以纠正”。

在行政诉讼程序中，对于原告并非故意拒不提交证据的情形，适当放宽证据提交的期限要求，更有利于维护实体正义。

2. 最高人民法院实现了对在先字号权跨类保护的突破。《商标法》明确规定，申请注册的商标不得与他人在先取得的合法权利相冲突。这里提到的可在先取得的合法权利除了常见的著作权、姓名权等之外，也包括字号权。

此前，法院以对在先字号仅在相同或者类似商品上给予保护为原则。也就是说，企业在先使用的字号只能防止他人在与该企业经营范围相同或类似的商品上申请容易导致混淆与误认的商标，如果企业的经营范围和在后申请商标的商品类别既不相同也不类似,则在先字号不能起到阻却他人申请的效果。

最高人民法院在本案中实现了对在先字号直接给予跨类保护的突破,更加有利于打击恶意抢注商标的行为。本案也因此作为典型案例入选北京市高级人民法院知识产权审判庭编著的《商标授权确权的司法审查》一书(中国法制出版社 2014 年版,第 365 页)。

最高人民法院之所以在本案中愿意实现对在先字号权跨类保护的突破,很大可能性也是基于创维公司提供了足够的证据来证明第三人的抢注恶意:中山公司与创维公司都在珠三角地区、中山公司申请了数十件与其他知名品牌相关的商标、与中山公司系同一法人的广东某商标代理机构发布转让争议商标的广告,特别是双方在广东知识产权保护协会的主持下就争议商标进行调解时,中山公司提出了在争议商标行政案件二审结束前,以人民币 350 万元的价格向创维公司转让争议商标的条件,更是让法院确信中山公司申请注册争议商标的行为缺乏正当性。在此前提条件下,最高人民法院才愿意在当时宣告争议商标的法律依据比较匮乏的情况下,通过对在先字号权的跨类保护来维护实体正义。

换言之,代理律师理解最高人民法院是在第三人有明显抢注恶意的前提下,有条件地在本案中对在先字号权进行跨类保护,在后续的司法实践中,仍不能理所当然地认为法院在每个案件中都会对在先字号权予以跨类保护。无条件地对在先字号权予以跨类保护会过于偏向字号权人,且不适当地限制市场上后来者的发展权利,从而导致利益失衡。

律师简介

王承恩律师，西南政法大学法学学士、中山大学民商法硕士。原创维集团知识产权负责人，现任盈科律师事务所第四届全国知识产权法律专业委员会主任。盈科深圳第四届、第五届管委会委员、知识产权法律事务中心主任、高级合伙人。入选工信部工业和信息化领域知识产权专家库、深圳市市场监督管理局知识产权专业委员会专家、长沙市知识产权局维权援助专家库专家、中南财经政法大学知识产权研究中心兼职研究员。

廖柏寒，西南政法大学法学博士。

12.

情势变更原则在商标驳回纠纷程序中的运用

——理昂生态能源股份有限公司诉国家知识产权局关于第 21728067 号“R 及图”商标驳回复审纠纷案

陈　秉　杨　鹤

最高人民法院(2020)最高法行再 149 号

一、案情简介

(一)案件基本情况

“”为理昂生态能源股份有限公司(以下简称理昂生态公司)精心设计的品牌标识,由艺术化的字母 R 和 A 融合而成,由蓝色、绿色、白色三色组成,是公司整个形象识别系统和品牌体系的载体和核心;寓意理昂公司的使命:绿水青山就是金山银山,理昂生态留住白云蓝天。“R”和

"A"分别代表循环往复和追求卓越，寓意理昂愿景是"致力发展成为中国农林废弃物清洁供热领导者"。作为商标标识视觉冲击力强，简洁、易记；但获得商标权的过程却十分复杂，经历申请、驳回复审、司法一审、二审、再审及引证商标的撤销程序，历经5年才拿到注册证书，真可谓"千淘万漉虽辛苦，吹尽狂沙始到金"。本案之所以历时5年，历经三个司法程序才始见金，是在等待引证商标权利的"情势变更"，也是情势变更原则的运用才使本案达到理想效果。

2016年10月28日，理昂生态公司申请注册第21728067号""商标（以下简称诉争商标），指定使用在第4类的"燃料""电能"等商品上。原国家工商行政管理总局商标局（以下简称原商标局）以诉争商标与第6797667号""商标（以下简称引证商标1）和第12955736号"Rayzon"商标（以下简称引证商标2）近似为由，驳回了诉争商标的注册申请。随后，理昂生态公司向原国家工商行政管理总局商标评审委员会（以下简称原商标评审委员会）提起驳回复审申请、向北京知识产权法院提出一审行政诉讼、向北京市高级人民法院提出二审上诉以及向最高人民法院申请再审，并最终在最高人民法院再审中获得支持，予以初审公告。

（二）案件审理及审判流程

2016年10月28日，理昂生态公司在第4类的"燃料；固态气体（燃料）；生物柴油燃料；煤屑（燃料）；蜡（原料）；蜡烛；除尘制剂；电能；天然气；气体燃料"等商品上申请注册诉争商标。2017年8月12日，原商标局引证在先注册的引证商标1 和引证商标2 驳回了诉争商标的注册申请,理昂生态公司随即提起驳回复审申请。

2018 年 3 月 21 日,原商标评审委员会作出驳回复审决定,认定复审商标与引证商标构成近似商标,驳回了诉争商标在指定商品上的注册申请。后理昂生态公司委托律师在法定期限内向北京知识产权法院提起行政诉讼,律师建议委托人在诉讼中放弃主张除"电能"以外所有商品的权利,至此诉争商标与引证商标 1 因商品不类似而不构成近似商标,其不再作为诉争商标之在先障碍。同时承办律师建议理昂生态公司对引证商标 2 的实际使用情况提起连续 3 年不使用撤销申请,以消除权利障碍,等引证商标权利发生"情势变更"后再向最高人民法院确认该诉争商标。

2018 年 8 月 20 日,北京知识产权法院作出一审判决:至案件审理时,引证商标2 处于有效状态,诉争商标与引证商标2 构成类似商品上的近似商标,最终判决维持原商标评审委员会作出的驳回复审决定。理昂生态公司不服一审判决,向二审法院提起上诉。

2018 年 11 月 16 日,北京市高级人民法院经审理作出二审判决:引证商标仍为有效商标,诉争商标与引证商标 2 在主要构图元素及整体视觉效果方面近似,构成近似商标,故诉争商标与引证商标 2 构成使用在相同或类似商品上的近似商标,容易导致消费者的混淆误认,诉争商标的注册申请违反了《商标法》第 30 条之规定,最终判决驳回上诉,维持原判。

在二审判决作出后,原商标局作出撤销引证商标 2 的决定。理昂生态公司以引证商标 2 已经撤销,不再构成诉争商标申请注册的在先障碍,已发生情势变更为由,向最高人民法院申请再审。2020 年 9 月 29 日,最高人民法院支持情势变更的观点,支持了理昂生态公司的再审申请,诉争商标获得了初审的机会。

二、原裁判内容及存在的问题

1. 本案是商标注册过程中遇到在先近似商标，存在障碍的问题。本案的司法程序就是依据法律规定和程序依法排除障碍、申请商标获得权利的过程；行政裁决和司法程序不存在法律适用和事实不清楚的问题。但问题要解决确实存在下面第2、3点所述的法律和事实的实际问题。

2. 依照行政审查和司法审判实践，且行政机关和司法机关的判断标准和尺度基本保持一致；诉争商标与引证商标构成近似商标，这一事实和《商标法》第30条的规定不可改变。

3. 驳回复审程序与引证商标撤销程序（清障）的审查周期存在时间差。

驳回复审案件无论是在非诉还是诉讼阶段的审理期限都比较短，而“撤三”程序关系商标权利人对商标权的存与废的问题，审查较为严格且审查时间较长，虽然在一审、二审过程中代理律师均提请法院等待引证商标状态稳定后再审理本案件，但鉴于审限压力，一二审判决均未等待引证商标的状态稳定径行作出判决。

三、再审（或二审）办案策略及律师工作

（一）依据法律和司法审查实践分析对行政裁决起诉的可行性

本案是由朋友介绍的：商标被驳回了，后复审也没通过，商标设计费不菲，是公司整个形象识别系统的核心且使用多年。当事人想通过努力尽量争取权利。案件当时还邻近行政上诉的期限，对是否起诉当事人非

常着急。笔者通过研读驳回复审决定书,得知不予注册的理由:申请商标与引证商标构成相同、类似商品上的近似商标,违反《商标法》第30条规定而不予核准注册。

对于因近似而被驳回的商标要获得权利,从法理分析一般只有通过两方面的努力:

1. 改变对标识的认知和看法,在后续程序中认为不构成近似商标。

2. 改变对指定商品的认知和看法,在后续程序中认为不构成相同或类似商品。两者指定的商品是客观的,一般情况下不可能因人的不同认知而改变对商品的看法和观点。本案中指定商品部分相同、部分类似,要从商品上改变认定也是有困难的。

对于标识是否近似的改变,是一件涉及多个方面复杂判断的事情。虽然存在标识相近而商标不认为是近似的特殊情况,例如:Gucci与GUESS等。但商标的近似判断要考虑商标的显著性(独创性)、知名度、消费者的注意力与认知、指定使用的商品等方面。具体到本案(知名度、消费者注意力等达不到法院足以改变行政决定的程度),进入司法程序后,要标识的角度改变行政审查和驳回复审的观点,根据司法审查实践基本没有可能性。根据案情要放弃标识方面的考虑。

本案中指定商品部分相同、部分类似,要从商品上改变认定也是有困难的。基于上述两方面不能实现,承办律师考虑到要达成委托人的目的,根据办案经验只能考虑通过合法方式消除权利障碍(依法定途径撤销、协商共存、受让商标等),使引证商标权利发生情势变更——在先权利权利消灭。

(二)依据客户诉求,充分了解案件,对问题的解决提出系统性和整体性的方案,向客户说明可行的策略和措施,才能得到其理解和配合,以实现委托人的目的

理昂生态公司是以农林废弃物热电联产为主营业务的环保惠农型绿色能源企业,是中国农林生物质发电行业骨干企业之一。公司自 2008 年成立以来,自主投资建设了 15 个农林废弃物热电项目,分布于湖南、湖北、河南、江西、安徽、江苏、广西等 7 个省(自治区),总装机 444MW,在全国同行业中装机规模位居前五,发电量位居第三,综合盈利能力处于行业领先水平。年可处理农林废弃物 450 万吨,供应绿色电力 30 亿度,年供应热力蒸汽 250 万吨,年销售收入 26 亿元;每年通过燃料收购为农民增收 12 亿元以上,节约标准煤 155 万吨,减排二氧化碳 385 万吨。当事人已经在业内颇具影响力,本案在驳回复审阶段结束后,由我们承办律师加入。

代理律师接手案件后详细梳理案件,通过上述的逻辑分析,只能考虑怎样撤销引证商标权利,扫除权利障碍的实现路径,运用情势变更原则帮助实现委托目的。向客户制定了案件的整体和系统性方案:(1)针对自己的主营业务争取权利,缩小原有商品保护范围;(2)清除在先权利障碍,使在先权利发生情势变更;(3)程序上准备经历三审程序(一审、二审、再审)。让客户知道问题的复杂性和解决问题的程序和时间,以理解“情势变更原则”的意思、予以运用并配合律师的工作开展。

代理律师经多次沟通充分了解公司的主营业务情况,了解到客户最终向市场提供“电能”,只需要在“电能”商品取得权利即可,若再进入诉讼,律师建议客户放弃非“电能”商品上的权利争取,减少在先权利的障碍;采取措施扫除“电能”商品上的障碍,当时提出“扫障”的措施有:受让

引证商标、签署共存协议、提出撤销连续三年不使用申请等。经过对引证商标使用情况的背景调查,决定对引证商标的“电能”商品上的权利提出撤销连续三年不使用申请,而不是全部商品的权利撤销,减少引证权利人的权利损害,为自己权利取得争取更多的空间,争取在先商标权利发生情势变更。

(三)时时跟进和督促引证商标权利状态的变化,及时补充提交新证据

法院通常以判决作出时引证商标的权利状态来判断引证商标是否构成诉争商标的权利障碍。而引证商标的权利状态以原商标局公告为准,即使原商标局作出决定撤销引证商标,若该决定在判决作出时未经原商标局公告确认,则引证商标仍属于有效注册的状态。代理律师一方面在诉讼过程中请求法院等待引证商标状态再作出相关判决,另一方面以诉讼案件中相关文件为证据材料向原商标局申请加快引证商标“撤三”审理,代理律师时时关注引证商标的状态,在原商标局对本案引证商标作出撤销决定并公告后,代理律师及时向最高人民法院提交新证据,最终法院予以采纳。

四、再审(或二审)逆转内容的裁判要旨及结果

代理律师根据接案之初制定的诉讼方案,按部就班地“扫除”了诉争商标之在先权利障碍,至最高人民法院审理案件时,诉争商标的唯一障碍引证商标 2 已经被撤销并作出公告。最终最高人民法院判决:因引证商标 2 在第 4 类“电能”等商品上依法撤销,并予公告,其商标专用权自公告之日终止,国家知识产权局对本案诉争商标予以驳回的事由不复存在,其应根据变更后的事实重新作出决定。故本案一审、二审行政判决及被诉

决定均应予撤销。

五、律师评析

本案的成功对当事人非常重要，当事人一家投资巨大且有一定规模的企业，整套企业形象识别系统（聘请国内知名品牌公司设计、设计费不菲）都以该商标为核心，并且投入使用多年且在业内产生了影响力，如果不能得到法律保护而需要重新设计将产生很大的损失。这是企业之所以能够采信我们的方案并能长时间配合的重要原因。

本案运用“情势变更原则”解决商标在申请商标与在先商标冲突问题的经验还是值得分享的，可以给承办类案的同行提供一点参考。

1. 在处理商标授权、确权案件过程中应依据实际需要适当缩减商标权利范围，灵活处理，平衡实际需要的权利保护和法律可能保护的权利。

商标的专用权建立的商品上的权利，《商标法》第 56 条规定，注册商标的专用权，以核准注册的商标和核定使用的商品为限。当我们申请注册时，为保护商品范围更大时尽可能多选商品，当注册遇到阻力时在保护自身权利的基础上就要尽量缩减商品，减少自身的阻力和与在先权利的冲突。作为受托律师，我们在驳回复审之后才参与案件的承办，在了解当事人的诉求和当事人实际经营情况后，在诉讼阶段放弃主营业务产品“电能”商品之外权利争取，而仅在“电能”商品上争取权利。

2. 在先权利引证商标权障碍的扫除方面，讲究策略，尽量避免对引证商标权利人造成实质性的损害、防止其报复性对抗。

在先权利引证商标权障碍的扫除，一般律师有以下几种可能的选择方式：受让引证商标、协商共存、撤销（“撤三”、异议、宣告无效）、协商注销、通过程序等待专用期满丧失权利等。本案中，对引证商标权利人的情况进行调查发现，权利人是一家加油站，并未从事电能相关的业务，也未许可相关企业使用该商标，在该商品上并未实际使用引证商标，遂启动了“撤三”程序（可行且最经济）进行障碍扫除。启动“撤三”程序，也不是全部商品撤销，根据背景调查的事实策略部分商品撤销，保留其核心主营商品的权利，这样也不会损害引证商标权利的切实利益，引证商标权利人不会有利益方面的对抗情绪和行为。引证商标权利人在电能商品上被撤销权利没有提起复审程序，证明我们当时策略是正确的。

3. 熟悉把握主管机关对于此类案件的审判观点和态度，尤其是最高人民法院对该类案件的审判走向。

根据《最高人民法院关于审理商标授权确权行政案件若干问题的规定》（2020 修正）第 28 条规定，人民法院审理商标授权确权行政案件的过程中，国家知识产权局对诉争商标予以驳回、不予核准注册或者予以无效宣告的事由不复存在的，人民法院可以依据新的事实撤销国家知识产权局相关裁决，并判令其根据变更后的事实重新作出裁决。

这是再审能达到预期的法律依据和律师根据该规则作出预判和指导方案的理由所在，也是情势变更原则在商标案件的具体运用。但法院的审判观点会随审查实践进行调整，情势变更原则的运用也有变化。

例如，现在当引证商标被部分撤销而非全部撤销时（阻碍诉争商标的引证商标类似群被撤销），最高人民法院不再根据情势变更原则支持再审申请人的请求。

近年来，最高人民法院在审理类似案件中，针对引证商标部分商品或无效被撤销，即使与诉争商标不存在相同类似群时，也是认为因在相同类别中存在其他类似群商品或服务，其与诉争商标的商品可能存在关联性而不予认可。如果是现在本案就不会那么顺利。

但在案件承办的当时是允许的，部分权利被撤销，诉争商标与引证商标在相同、类似商品没有冲突，可以依照情势变更原则予以支持。而现在要求引证商标权利完整消灭了才能依照情势变更原则予以支持。

4. 承办律师对案件流程细节的监控和执业勤勉度，对案件的成功也有帮助作用。

本案件一审到最高人民法院再审历时 3 年多，历经司法 3 个程序和 1 个“撤三”的行政程序。虽然到了司法程序，有证据“关门”的原则，但承办律师在每一个司法程序都提交了新的使用证据供法院参考，让承办法官知道诉争商标仍在持续使用，继续发挥商标的作用；对引证商标在电能商品上权利的变化进展及时向法院提供相应的证据，引证商标并没有发挥商标功能，事实上不可能造成混淆。把握案件流程与细节，及时向法院提供相应证据，从工作上做到勤勉尽责。

律师简介

陈秉律师，北京盈科（长沙）律师事务所专职律师，法学学士，工商管理硕士，2000 年通过商标代理资格考试、2001 年开始从事商标法律服务工作；国际知识产权保护协会会员、国际商标协会会员、中华商标协会商标代理分会学术委员会委员。

杨鹤律师，北京观唐律师事务所专职律师，中央民族大学法学学士。

13.

商标行政诉讼中情势变更原则的适用

——苏州快吉刀片制造有限公司与国家知识产权局、第三人捷克刀片有限公司商标权无效宣告请求行政纠纷再审案

郭春平

最高人民法院(2020)最高法行再228号

一、案情简介

苏州快吉刀片制造有限公司(以下简称快吉公司)成立于2009年7月,公司前身为始建于1960年的苏州刀片厂(属原国家轻工业部最早定点专业生产剃须刀片的企业之一),按现代企业管理模式改制为有限公司,距今已有50多年的悠久历史,快吉公司专业制造刀片系列产品。

快吉公司于2012年3月13日向原国家工商行政管理总局商标局(以下简称商标局)提交第10612045号“快吉QUICK及图”商标(以下简称诉

争商标)注册申请,核定使用在第8类的“剃须刀、剃刀盒、刮胡刀片、剃须盒、理发用小钳子、个人用理发推子(电动和非电动)、指甲刀(电动或非电动的)、电力和非电力脱毛器、电动或非电动刮胡刀、刀”商品上,专用期限至2023年5月6日。

捷克刀片有限公司(以下简称捷克刀片公司)于1993年6月24日,在第8类的“刮胡刀片”商品上申请第939022号“TIGER及图形”商标(以下简称引证商标一),并于1997年1月28日注册公告。国家工商行政管理总局商标评审委员会(以下简称商评委)在商评字(2014)第96976号撤销复审决定中对该商标予以撤销,商标状态为无效。

捷克刀片公司又于2011年4月30日,在第8类“剃须刀刀片”商品上申请第G1073421号“TIGER及图”商标(以下简称引证商标二),该商标专用期限至2021年2月4日。

2014年2月28日,捷克刀片公司就快吉公司注册的诉争商标向商评委提出了无效宣告请求申请。

2015年4月24日,商评委作出被诉裁定认定:

诉争商标与引证商标二的主要认读部分图形在构图特点、表现手法上均相近,相关公众施以一般注意力难以区分,诉争商标与引证商标二构成近似商标。并且,诉争商标核定使用的除“刀”以外商品与引证商标二核定使用的剃须刀片商品在功能、用途等方面均相近似,属于类似商品。此外,诉争商标核定使用的“刀”商品与引证商标一核定使用的刮胡刀片商品、引证商标二核定使用的剃须刀刀片商品不属于类似商品,故诉争商标在“刀”商品上与引证商标一、二未构成使用在类似商品上的近似商标。

依照2001年《商标法》第28条的规定,商评委裁定:诉争商标在“刀”

商品上予以维持,在其余商品上予以无效宣告。

二、原裁判内容及存在的问题

快吉公司向北京知识产权法院提起行政诉讼,捷克刀片公司向一审法院补充提交了行政处罚决定书及相关工商登记信息、快吉公司官网上存在“老虎”图形标志的商品信息、快吉公司及其关联公司申请了多个含有“老虎”商标信息及相关裁判文书。在一审庭审中,快吉公司明确表示对诉争商标被无效宣告的商品与引证商标二核定使用的商品构成类似商品不持异议。

一审法院认为:商评委关于诉争商标核定使用在除“刀”之外的商品与引证商标二构成2001年《商标法》第28条所核定使用在同一种或类似商品上的近似商标的认定正确,予以确认。

一审法院从而驳回快吉公司的诉讼请求。快吉公司不服,上诉至二审法院。

在二审诉讼中,快吉公司提交了关于引证商标一的撤销复审决定书、引证商标二在“连续三年不使用”撤销程序中捷克刀片公司提交的使用证据,并向二审法院提出案件中止审理的申请。

二审法院在判决书中认为:根据各方当事人的诉辩主张,本案的争议焦点为诉争商标申请注册是否违反2001年《商标法》第28条的规定。根据2001年《商标法》第28条的规定,申请注册的商标,凡不符合本法有关规定或者同他人在同一种或类似商品上已经注册的或者初步审定的商标相同或者近似的,由商标局驳回申请,不予公告。鉴于原告认可诉争商标被无效宣告的商品与引证商标二核定使用的商品类似,故本院仅对诉争商标与引证商标二是否构成近似商标予以评述。本案中，在构图和含义两方面，诉争商标与引证商标二都构成近似标志。

二审法院从而认为商评委及一审法院的认定正确，维持了一审判决。

相比较而言，商评委、一审法院及二审法院均认为诉争商标核定使用在除“刀”之外的商品与引证商标二构成2001年《商标法》第28条所核定使用在同一种或类似商品上的近似商标。在一审程序中，引证商标一已经在注册商标“连续三年不使用”撤销程序中被商评委在全部商品上予以撤销。在二审程序中，快吉公司向二审法院提交关于引证商标一的撤销复审决定书、引证商标二在“连续三年不使用”撤销程序中捷克刀片公司提交的使用证据，用于证明捷克刀片公司提交的关于商标的使用证据无法证明其对引证商标二进行了真实、公开、有效的商业使用。鉴于商评委对引证商标二的撤销复审程序尚未作出撤销复审决定，引证商标二仍属于有效商标。快吉公司如不能找到其他事实和法律依据，诉争商标被裁定无效宣告的结局将无法改变。

三、再审办案策略及律师工作

本案进入再审程序的关键在于通过向商标局针对引证商标一和引证商标二以无正当理由连续3年不使用为由启动注册商标撤销程序，最终达到撤销两个引证商标的商标专用权的目的。通过扫清诉争商标的权利障碍，使本案符合“在评审程序中认定的事实和适用的法律并没有错误，但在诉讼中，作出诉争裁决的事实基础却发生了变化”的情形，从而适用《最高人民法院关于审理商标授权确权行政案件若干问题的规定》第28

条规定。*

为此,代理人与快吉公司召开多次会议,进行深入细致的沟通,对于注册已满3年的引证商标一和引证商标二,通过一定的网络检索、市场调查,发现并固定相关证据,通过分析得出由于剃须刀行业行情的变化,捷克刀片公司的两个引证商标均连续3年无正当理由未投入实际使用。

鉴于快吉公司和捷克刀片公司属于同行业竞争对手,双方在商标方面一直存在各种争议。代理人常年为快吉公司提供知识产权法律服务,帮助快吉公司制定了长远周密且切实可行的诉讼策略。

针对引证商标一的撤销程序:2011年6月,指导快吉公司向商标局提出了注册商标3年停止使用的撤销申请。商标局于2013年8月6日作出《关于第939022号"TIGER及图形"注册商标连续三年停止使用撤销申请的决定》:决定撤销引证商标一,并予以公告。捷克刀片公司不服该撤销决定,于2013年10月11日向商评委申请复审。商评委于2014年12月9日作出商评字[2014]第96976号《关于第939022号"TIGER及图形"商标撤销复审决定书》:复审商标予以撤销,并在第1470期注册商标撤销公告中予以公告。

针对引证商标二的撤销程序:2017年8月17日,以无正当理由连续3年不使用为由向商标局提出了注册商标撤销申请。商标局于2018年5月9日作出《关于第G1073421号第8类"TIGER;KEG TRADE MARK"注册商标连续三年不使用撤销申请的决定》,决定驳回快吉公司的撤销申请,

* 人民法院审理商标授权确权行政案件的过程中,商评委对诉争商标予以驳回、不予核准注册或者予以无效宣告的事由不复存在的,人民法院可以依据新的事实撤销商评委相关裁决,并判令其根据变更后的事实重新作出裁决。

第G1073421号第8类“TIGER;KEG TRADE MARK”注册商标不予撤销。快吉公司不服该撤销决定,通过前期对引证商标二的调查分析,坚信捷克刀片公司并未对引证商标二进行真实有效的商业使用,且在商标局注册商标撤销程序中,商标局并未向快吉公司送达捷克刀片公司提交的关于引证商标二的所有使用证据材料,快吉公司无法对该商标使用证据进行相应的质证,于2018年6月6日向国家知识产权局申请复审。国家知识产权局于2019年8月1日作出商评字[2019]第184271号《关于国际注册第1073421号“TIGER及图”商标撤销复审决定书》,复审商标在复审商品上的注册予以撤销。根据《商标法》第55条的规定,法定期限届满,当事人对商标局作出的撤销注册商标的决定不申请复审或者对商评委作出的复审决定不向人民法院起诉的,撤销注册商标的决定、复审决定生效。被撤销的注册商标,由商标局予以公告,该注册商标专用权自公告之日起终止。然而商标局在引证商标二的撤销复审决定作出后长达半年的时间尚未在商标撤销公告中予以公告。于是代理人多次前往商评委与审查员核实引证商标二的撤销公告问题,被告知引证商标二为捷克刀片公司在国内注册的商标,属于国际商标,撤销公告发布时间尚无法确定。代理人只能向商标局提交书面的法律意见,告知该商标目前涉及最高人民法院再审案件的情况,急需向法院提交引证商标二撤销公告的相关证据。在代理人不懈的坚持和争取下,引证商标二撤销公告终于于2020年4月20日在第1692期商标撤销公告中予以发布。

捷克刀片公司针对引证商标一和引证商标二的撤销复审决定均未提起行政诉讼,至此,引证商标一和引证商标二商标专用权均被撤销,诉争商标无效宣告事由的权利障碍均不复存在。

最高人民法院裁定提审本案后,第三人捷克刀片公司在开庭审理中确认了引证商标一和引证商标二均已被撤销商标专用权的事实,但主张《最高人民法院关于审理商标授权确权行政案件若干问题的规定》第28条的规定主要适用于商标驳回复审程序,不应适用在商标无效宣告程序中。

四、再审逆转内容的裁判要旨及结果

最高人民法院的再审判决撤销二审判决和一审判决以及商评委的被诉裁定书,并判决国家知识产权局就诉争商标的无效宣告请求重新作出裁定。最高人民法院主要裁判要旨如下:

本案一审、二审审理查明的事实基本属实,本院予以确认。本院另查明,2020年4月20日,国家知识产权局发布第1692期商标公告,对国际注册号G1073421号商标在全部商品上予以撤销,其商标专用权自公告之日起终止。本院认为,《最高人民法院关于审理商标授权确权行政案件若干问题的规定》第28条规定:“人民法院审理商标授权确权行政案件的过程中,商标评审委员会对诉争商标予以驳回、不予核准注册或者予以无效宣告的事由不复存在的,人民法院可以依据新的事实撤销商标评审委员会相关裁决,并判令其根据变更后的事实重新作出裁决。”

本案中,根据再审查明的事实,终审判决作出后,出现了新的事实,即引证商标二因连续3年停止使用在全部商品上被公告撤销,被诉裁定及一审、二审判决作出时所依据的主要事实发生变化,故根据上述司法解释的规定,国家知识产权局应根据变更后的事实重新作出裁定。

五、律师评析

（一）商标行政诉讼案件中适用情势变更原则的正当性

实践中，商标诉讼案件有时会出现在商标评审程序中认定的事实和适用的法律并没有错误，但在诉讼中，作出诉争裁决的事实基础却发生了变化的情形。如作为系争商标权利障碍的引证商标在异议程序中被不予核准注册、在撤销连续3年停止使用程序中被撤销、已经转让至诉争商标申请人名下、期满未续展等情形，此时，商标评审部门对系争商标予以驳回、不予核准注册或者予以无效宣告的事由已经不存在，法院能否依据新的事实适用情势变更原则？

虽然情势变更原则的讨论多见于民商法领域，但是该原则在行政诉讼程序中同样存在适用的正当性。随着商标行政诉讼同类案件中适用情势变更原则撤销商标评审部门裁决的情况也越发多见，在商标评审案件行政诉讼中，情势变更原则成为商标评审部门败诉的主要原因之一。在商标行政诉讼中，面对不断变换的情势，只是一味地坚持以行政行为作出时的事实和证据审判案件，已经难以实现实质上的正义。为此，最高人民法院在2017年颁布实施的《最高人民法院关于审理商标授权确权行政案件若干问题的规定》，将情势变更原则纳入了第28条的规定中，为法院适用该原则审理相关案件提供了明确的依据。

（二）商标行政诉讼中情势变更原则的适用要件

1. 在商标行政诉讼中，基于程序本身的特殊性，行政诉讼审查的对象是被诉行政行为，因此所谓的“情势”是指被诉行政行为依据的客观事实，即对诉争商标予以驳回、不予核准或予以无效宣告的事由。变更后的事实在法律上必须已经确定,如被撤销、宣告无效、不予核准须是在生效裁决中确定的事实。

2. 情势变更须发生于被诉行政行为作出之后。情势变更原则是为了解决被诉行政裁决作出之后事实发生了变化,不予变更则显失公平的问题,故此,情势变更的时间节点须是在被诉行政裁决作出之后。

3. 如不适用情势变更原则,将明显有失公平。由于情势变更原则是行政诉讼中的例外情形,其适用需要谨慎而行。一般的行政诉讼案件都会包含不同的利益群体,一方利益受损,另一方的利益就会相应增加。在这种情况下,利益方基于信赖保护原则,但因情势变更而受损,就会处于不利地位。所以只有在不适用情势变更原则将产生严重失衡的情况下才能适用该原则,且不得损害他人利益和公共利益。

(三)关于适用情势变更原则的诉讼策略

《最高人民法院关于审理商标授权确权行政案件若干问题的规定》第28条规定为法院适用情势变更原则审理相关案件提供了明确的依据。对于行政相对人而言,应当在充分理解该规定与原则的基础上为自己制定好有利的诉讼策略。在驳回复审行政诉讼、不予注册复审行政诉讼、无效宣告行政诉讼以及无效宣告复审行政诉讼中,面对不同的案件情况,当事人应当制定不同的应对策略。而应对策略除了基于商评委裁决与对方主张所做的理由阐述与证据准备之外,有时候还可以主动地对在先权利障碍采取“反制”措施,争取将其排除。常见的方式有:

1. 对引证商标提出无效宣告申请或者异议申请,主要适用于认为对方当事人引证的在先商标并无权利基础,而是对自身在先权利的侵犯、构成对其在先使用商标的不当抢注或者违反了商标法的其他规定的,则应当尽早对对方抛出或尚未抛出的所谓在先权利提出异议申请或无效宣告申请。

2. 对于注册已满3年的引证商标，通过一定的网络检索、市场调查，若认为该商标可能没有投入实际使用，必要时可考虑对其提出撤销注册商标连续3年不使用申请。

3. 当事人还可以通过与引证商标所有人协商转让的方式排除诉争商标的权利障碍。商标转让尽量提早并最好经商标局核准并公告。

律师简介

郭春平律师，北京大学法学学士，北京市盈科律师事务所律师。

14.

在先注册商标连续三年未使用被撤销，注册商标最终获核准

——云南第一时间商标事务所有限公司、国家知识产权局商标申请驳回复审行政纠纷案

段俊蓉

最高人民法院(2020)最高法行再134号

一、案情简介

原告:云南第一时间商标事务所有限公司(以下简称原告)

被告:国家知识产权局

原告于2016年1月5日向国家工商行政管理总局商标局申请注册第18802030号“理想”商标(以下简称申请商标),申请注册的类别为第45类,请求核准的服务项目是“知识产权咨询”。被告在对申请商标进行审查后认为该商标与广州理想信息产业有限公司的第1467315号“理想”商标(以下简称引证商标)近似,驳回了原告的商标申请。

经过原告方的调查得知,引证商标的申请人连续3年未使用注册商标,商标处于闲置状态。原告向被告提起申请商标驳回复审,并在复审中对引证商标提出连续3年未使用注册商标的撤销申请,同时向被告申请延缓至引证商标撤销结果作出后再对申请商标的驳回复审进行审理。被告不顾原告暂缓审理的请求,认为申请商标与引证商标文字构成相同、读音相同,申请商标指定使用的知识产权咨询服务与引证商标指定使用的知识产权许可服务属于类似服务,申请商标驳回复审审理时引证商标仍为有效的在先注册商标,从而认定申请商标与引证商标构成使用在类似服务上的近似商标,于2017年6月26日作出了【2017】第74747号关于申请商标驳回复审决定,驳回了申请商标在复审服务上的注册申请。

原告不服被告作出的复审决定,在法定期限内向北京知识产权法院提起诉讼。原告认为:已经针对引证商标连续3年未使用提出撤销申请,并请求延缓审理本案,被告应待引证商标状态确认后再对申请商标进行审查。北京知识产权法院认为原告主张其已就引证商标提出撤销申请,希望延缓审理本案。因截至本案开庭审理时针对引证商标的撤销程序尚未结束,对于引证商标稳定性尚无定论,不属于延缓审理的当然依据,截至本案审理时引证商标仍为在先有效商标,仍构成申请商标获准注册的障碍,维持被告作出的复审决定,驳回了申请商标在复审服务上的注册申请。

二、原裁判内容及存在的问题

原告对北京知识产权法院所作出的一审判决不服,在上诉期限内向北京市高级人民法院提出上诉。在二审法院审理的过程中被告作出了关于引证商标的连续 3 年不使用撤销申请的决定,认为引证商标权利人提供的商标使用证据无效,原告申请撤销理由成立,决定撤销引证商标。但是北京市高级人民法院认为,截至本案二审审理时,针对引证商标的撤销程序尚未结束,对引证商标的稳定性尚无定论,引证商标仍为在先有效商标,仍构成申请商标的获准注册的障碍,维持北京市知识产权法院的一审行政判决,驳回原告的上诉请求。

根据现行《商标法》的相关规定,被撤销商标专用权终止的评判标准是国家知识产权局发布的撤销公告,而非撤销决定,而撤销决定与公告并非同一时间作出,导致本案二审中只有撤销决定,二审法院作出对原告不利的判决结果。

三、再审办案策略及律师工作

本案进入再审程序的关键是被告在二审判决生效后发布了关于本案引证商标的撤销公告,撤销公告作为二审判决生效后产生的足以推翻原生效判决、裁定的新证据,代理人在再审期限内收集相关证据,向最高人民法院申请再审,最高人民法院最终裁定再审。

四、再审逆转内容的裁判要旨及结果

最高人民法院对原告提交的关于引证商标撤销的新证据予以认可,认为现引证商标被撤销并已公告,被告对诉争商标予以驳回的事由不复存在,其应根据变更后的事实重新作出决定,最终作出判决:撤销一审、二审判决,以及被告作出的复审决定书,并判决被告就申请商标重新作出复审决定。

五、律师评析

1.《商标法》第49条第2款规定：“注册商标成为其核定使用的商品的通用名称或者没有正当理由连续三年不使用的，任何单位或者个人可以向商标局申请撤销该注册商标。”此条款所指的商标使用，是指将商标用于商品、商品包装或者容器以及商品交易文书上，或者将商标用于广告宣传、展览以及其他商业活动中，用于识别商品来源的行为。商标的使用不仅要公开、真实、合法，还应与特定的商品、服务相关联并且必须发生在商业活动中。另外，商标使用应当具备真实性和指向性，即商标使用是在商标权人控制下的使用，该使用行为能够表达出该商标与特定商品或服务的关联性，能够使相关公众意识到该商标指向了特定的商品或服务的提供者。对于仅以或者主要以维持注册效力为目的的象征性使用商标的行为，不应视为在商标法意义上的使用商标。

商标的生命在于使用，如果一个商标注册之后没有实际投入使用或者仅以维持注册效力为目的的象征性使用商标，不仅无法发挥该商标应有的价值，还会阻碍有正常使用需求的其他人的注册和使用，浪费了有限的商标资源，不利于经济发展。本案中，引证商标核准注册后连续3年未使用，原告对商标提出撤销申请后，被告准许撤销该商标的注册。注册商标权利人对已经核准注册的商标需持续有效的使用，才能维持商标的有效在先权利，权利人如确实因自身原因无法自行使用注册商标或者无不使用的正当理由时，商标存在被撤销的风险，但商标权人可以通过将商标许可他人使用的方式来降低商标被撤销的风险。

2. 被撤销商标专用权终止的评判标准是国家知识产权局发布的撤销

公告，而非撤销决定，而撤销决定与公告并非同一时间下发，在诉讼过程中若只有撤销决定而没有撤销公告，被撤销商标仍是有效的在先权利，争议商标申请会因此不予核准注册。在商标确权诉讼过程中存在被撤销商标的情况下，当事人以及代理人需要特别关注被撤销商标专用权终止的时间节点。

律师简介

段俊蓉律师，北京盈科（昆明）律师事务所律师，西北师范大学法学学士。

15.

商标获权中的"撤三"程序与商标行政诉讼的情势变更原则的运用

——绥中东森休闲观光有限公司诉国家知识产权局商标申请驳回复审行政纠纷案

高慧天　唐碧遥

最高人民法院(2019)最高法行再169号

一、案情简介

原告:绥中东森休闲观光有限公司(以下简称东森公司)

被告:国家知识产权局(原国家工商行政管理总局商标评审委员会,以下简称国知局)

东森公司是一家以提供旅游度假、养老疗养服务为主的公司,为了公司能更好地发展,为了能在市场上进一步提高公司的知名度,其想要打造属于自己的品牌。2016年5月,公司商定申请"东森庄园"商标,便委托某代理机构进行商标注册申请业务。该代理机构收取了高额的代理费,但在提交商标申请前却没有为东森公司进行在先相同或近似商标的排查,导致为东森公司申请的 13 个商标全部被国知局驳回。该代理机构为让东森公司能够继续花钱委托他们代理商标驳回复审,在收到驳回通知后一直没有告诉东森公司这一消息,直到临近驳回复审期限才把相关材料给东森公司。东森公司知道已经受到无良代理机构的欺骗,于是找到我们希望能够帮他申请商标成功。

经分析,东森公司申请的 13 个商标被国知局基本全部驳回,引证商标的数量达 23 个。从商标相同或近似的判定来看,“东森庄园”标识确实与这些引证商标构成相同或近似。但因为东森公司已经以“东森庄园”为品牌投入了大量的资金进行建设和宣传,现在换一个新的标识重新申请已经来不及了,只会让之前的投入全部付诸东流。处在最不利的情形下,如何帮助东森公司把损失降到最小,把商标申请下来是该案子的难点。

二、原裁判内容

至一审、二审审理时,在先引证商标还没有出最后的撤销结果,仍然是“东森庄园”商标注册的在先障碍商标,故一审、二审判决以引证商标仍处于有效状态为由,驳回了我方的诉讼请求、驳回了我方的上诉。

三、再审办案策略及律师工作

接受东森公司的委托后,律师进行了如下的工作:

(一)仔细研究东森公司申请注册的 13 个商标

申请注册的 13 个商标均为文字“东森庄园”,申请的类别集中在第 29 类、第 30 类、第 31 类、第 32 类、第 33 类、第 35 类、第 36 类、第 39 类、第 40

类、第41类、第42类、第43类、第44类，共13个类别。整体分析过后，我们决定把与东森公司主营方向关系不大的类别抛弃，不在这些类别上进行无谓的纠缠，不再浪费更多的时间和金钱，只关注与公司经营发展最为密切的核心类别及项目，比如蔬菜水果、酒类饮品、住宿、饭店、养老院、疗养院等，这些类别及项目分别是东森公司申请商标中的第31类“树木；树干；玉米；小麦；谷（谷类）；新鲜的园艺草本植物；植物；自然花；新鲜蔬菜；植物种子”、第33类“果酒（含酒精）；蒸馏饮料；苹果酒；葡萄酒；樱桃酒；白兰地；酒精饮料（啤酒除外）；含水果酒精饮料；米酒；白酒”、第43类“备办酒席；餐厅；寄宿处；饭店；提供野营场地设施；旅游房屋出租；活动房屋出租；会议室出租；帐篷出租；养老院”、第44类“医疗诊所服务；保健；疗养院；休养所；私人疗养院；保健站；健康咨询”。

（二）仔细研究第31类、第33类、第43类、第44类的引证商标情况

分析出东森公司需要申请注册的最核心的四个类别之后，就需要重点研究这些类别上的引证商标。这些类别的引证商标一共有6个，我们分别从注册人主体情况、商标具体注册项目等多方面进行分析研究，有如下发现：

第31类引证商标四“东森”，核准注册项目为“树木；谷（谷类）；植物；新鲜蔬菜；酿酒麦芽；活动物；鲜水果；植物种子；饲料；动物栖息用品”，其注册人辽宁某信息产业有限公司早已于2013年2月25日被国家机关吊销营业执照，注册主体已经不存在，商标也没有进行转让，意味着该引证商标自2013年2月25日之后便没有继续在市场上进行投入使用。因此，针对这一引证商标，我们决定以商标注册主体被吊销，商标连续三年未使用的理由向国知局申请“撤三”程序。

第33类引证商标七"东森",核准注册项目为"酒(利口酒);含酒精液体;烧酒;含酒精果子饮料;酒(饮料);葡萄酒;清酒;黄酒;酒精饮料(啤酒除外);果酒(含酒精)",其注册人为自然人,较难查清该主体情况。从网络各个平台进行搜索查询,没有发现"东森"品牌的酒类饮品。注册人所留地址为河南省社旗镇,考虑到该引证商标可能存在只在当地线下小范围使用的情形,我们又前往社旗镇进行排查搜索,也未发现有实际使用的情况,因此判断该引证商标能够被撤销成功,故决定以无正当理由连续三年不使用为由向国知局申请"撤三"程序。

第43类引证商标二十"东森",核准注册项目为"住所(旅馆、供膳寄宿处);咖啡馆;快餐馆;餐厅;自助餐厅;汽车旅馆;酒吧;茶馆",其注册人也是自然人,地址在福建省福州市。在各大网络平台搜索查询后,我们没有发现福建及附近地区有"东森"品牌的餐厅、酒吧等店铺,询问当地的律师同事也回复未曾听过"东森"相关的餐饮品牌,因此初步判断该引证商标没有进行使用,故决定继续以无正当理由连续三年不使用为由向国知局申请"撤三"程序。

第43类引证商标二十一"东森食品",核准注册项目为"提供营地设施;动物寄养;出租椅子、桌子、桌布和玻璃器皿",其注册人为上海某生物科技有限公司。查询该注册人的经营范围,发现其内容与"提供营地设施"没有任何联系。同时,该引证商标在"动物寄养;出租椅子、桌子、桌布和玻璃器皿"项目上与我们东森公司的业务发展没有太大关系,故决定只对"提供营地设施"申请"撤三"程序。

第44类引证商标二十二"东森会馆",核准注册项目为"公共卫生浴;蒸气浴;美容院;理发店;按摩;疗养院;芳香疗法;保健;医疗辅助;理疗",

其注册人为上海某娱乐俱乐部管理有限公司。仔细检索后并未发现在相关服务上有“东森会馆”的商标使用情形，且核准的项目全部与我们东森公司密切相关，于是将全部项目向国知局申请“撤三”程序。

第44类引证商标二十三“东森景观”，核准注册项目为“庭院风景布置；花环制作；园艺学；园艺；树木修剪；花卉摆放；风景设计；植物养护”等，其注册人为河南某建筑装饰工程设计有限公司。仔细检索分析后，判断该注册人在核准注册的服务上应该一直在使用该引证商标。同时，园艺、植物养护等服务对东森公司意义不大，故决定放弃这些项目，不对该引证商标进行“撤三”程序。

综上所述，决定对引证商标四“东森”、引证商标七“东森”、引证商标二十“东森”、引证商标二十一“东森食品”、引证商标二十二“东森会馆”申请“撤三”程序。

（三）“A+B+C”三条线同时推进

一方面，抓紧时间在商标驳回复审期限届满前为东森公司申请商标驳回复审，让商标流程继续进行。另一方面，针对四个核心类别的五个引证商标申请撤销程序，想办法把这些引证商标撤销掉，扫除“东森庄园”商标注册障碍。同时，在这四个核心类别为东森公司再补充申请“东森庄园”商标，防止之前的“东森庄园”商标救济权利用尽。三条线同时推进，争取为东森公司将“东森庄园”商标注册成功。

“东森庄园”商标申请驳回复审结果出来时，核心类别的五个引证商标还在“撤三”审查中没有出结果，仍然是在先有效的商标，所以国知局驳回复审仍是决定不予注册，我们继续走诉讼流程。一个商标的“撤三”审查、出结果、撤销复审审查、复审出结果、发布撤销公告是一个漫长的过程,甚至还有可能会涉及阶段诉讼,那样时间将会更长。更何况我们是同时对5个商标申请的“撤三”程序,而这5个引证商标每个撤销审查进程又都不同,所以时间上更难以做到快速和统一。为了引证商标能更快出“撤三”结果,我们尽可能地向国知局提供更多引证商标未使用的证据,同时跟国知局进行沟通,多次书面申请加快审理。到一审判决出来时,5个引证商标的“撤三”结果还没有完全出来,我们继续申请二审程序。二审判决时,5个引证商标中有部分商标收到国知局的撤销决定,但都没有发布最后的撤销公告。二审之后过了一段时间,除引证商标七仍处于撤销复审阶段,其余的引证商标全部被正式发布撤销公告,彻底被撤销。此时,我们再重新分析23个引证商标的时候,发现第39类引证商标十三“东森”,其有效期届满未续展已经失效。这时我们申请再审,将引证商标的撤销公告与引证商标十三的最新情况提交到最高人民法院,最高人民法院决定提审。

四、再审逆转内容的裁判要旨及结果

最高人民法院审理后,总结的争议焦点问题是,申请商标在相关类别的商品及服务上的申请是否因引证商标被撤销或无效而应被核准。根据《最高人民法院关于审理商标授权确权行政案件若干问题的规定》第28条的规定,人民法院审理商标授权确权行政案件的过程中,商标评审委员会对诉争商标予以驳回、不予核准注册或者予以无效宣告的事由不复存在的,人民法院可以依据新的事实撤销商标评审委员会相关裁决,并判令其根据变更后的事实重新作出裁决。由于本案为商标驳回复审行政诉讼,申请商标的注册审查程序尚未完结,在此过程中,引证商标四在“树木;谷(谷类);植物;新鲜蔬菜;酿酒麦芽”,引证商标二十一在“提供营地设施”,引证商标二十、二十二在“全部商品/服务”上均已被撤销并公告,引证商标十三亦因期满未续展目前处于无效状态。因此,引证商标四、十三、二十、二十一、二十二在上述被撤销及无效范围内均已不构成申请商标“东森庄园”予以注册的权利障碍。申请商标是否应予核准注册的事实基础发生了变化,国知局应根据现有事实和证据重新作出决定。故最高人民法院判决撤销一审、二审判决,撤销国知局决定并让国知局重新作出驳回复审决定。

在国知局重新审查“东森庄园”商标驳回复审期间,引证商标七“东森”也被正式发布了撤销公告。至此,历经3年多的时间,“东森庄园”终于在东森公司发展的四个核心类别注册下来。同时,补充申请的“东森庄园”商标也顺利注册下来。

五、律师评析

(一)典型意义

商标申请中如果遇到有引证商标构成相同或近似而被国知局驳回的情况,一般都会对引证商标申请撤销程序。而在商标撤销环节中,能够撤销一个商标是较常见的,但是能够将四个核心类别的五个引证商标全部撤销,这种情况确实少见。一方面需要对当事人的所处状态了解清楚详细,明确当事人的经营发展方向与商标注册目的,抓住主要矛盾,解决主要矛盾;另一方面需要对引证商标进行全面详细的分析,包括引证商标注册人的具体情况、商标核准注册的具体内容、商标实际使用情形等。同时,对于商标注册申请的流程以及其中涉及的其他商标环节的流程都能够熟悉且会结合运用,从而能够有大局观,不会被商标多、流程多、时间久而影响办案,能够做出正确的判断。

(二)法律评析

遇到引证商标,我们通常会想到申请撤销或无效宣告程序。根据《商标法》第45条第1款“已经注册的商标,违反本法第十三条第二款和第三款、第十五条、第十六条第一款、第三十条、第三十一条、第三十二条规定的,自商标注册之日起五年内,在先权利人或者利害关系人可以请求商标评审委员会宣告该注册商标无效。对恶意注册的,驰名商标所有人不受五年的时间限制”和《商标法》第49条第2款“注册商标成为其核定使用的商品的通用名称或者没有正当理由连续三年不使用的,任何单位或者个人可以向商标局申请撤销该注册商标。商标局应当自收到申请之日起九个月内做出决定。有特殊情况需要延长的,经国务院工商行政管理部门批准,可以延长三个月”的规定,同时要结合自己商标的实际情况选择相应的程序。当商标申请人没有在先权利,又想要申请商标的情况下,选择以“没有正当理由连续三年不使用”为由对引证商标提起“撤三”,要比选择把引证商标认定为通用名称更容易成功。

关于商标注册申请被驳回而继续走驳回复审、诉讼等流程,申请商标在相关类别的商品及服务上的申请是否因引证商标被撤销或无效而应被核准这一问题,在《最高人民法院关于审理商标授权确权行政案件若干问题的规定》第28条“人民法院审理商标授权确权行政案件的过程中,商标评审委员会对诉争商标予以驳回、不予核准注册或者予以无效宣告的事由不复存在的,人民法院可以依据新的事实撤销商标评审委员会相关裁决,并判令其根据变更后的事实重新作出裁决”进行了明确的规定,该规定可以理解为商标行政诉讼中对于情势变更原则运用的依据。情势变更原则虽多应用于民商法领域，但该原则在商标行政诉讼程序中同样存在适用的合理性和正当性。无论是权利义务、法律行为还是其他法律事实，如果其依据的事实有重大改变或者不复存在，继续维持原状态不再公平时，应当作出公平合理的调整。商标驳回复审案件具有一定的特殊性，该类案件即使后期进入诉讼阶段，但商标的注册审查程序却并未完结。商标驳回复审行政诉讼中，作为在先权利的引证商标如果出现异议程序中被不予核准注册、“撤三”程序中被撤销以及期满未续展等情形时，其作为诉争裁决的事实基础就发生了变化，此时法院便可根据情势变更原则，依据变化了的事实依法作出裁决。

律师简介

高慧天律师，北京盈科（沈阳）律师事务所合伙人律师，盈科沈阳知识产权法律事务部主任。辽宁省法学会知识产权法学研究会理事、沈阳市法学会知识产权法学研究会理事、沈阳市知识产权专家库专家。2019年度盈科全国优秀知识产权律师、2020年11月被评定为辽宁省首批知识产权专业律师。

唐碧遥律师，北京盈科（沈阳）律师事务所律师，辽宁省法学会知识产权法学研究会理事。

16.

非物质文化遗产项目名称作为商标注册时的显著性问题探析

——杨华祥与国家工商行政管理总局商标评审委员会商标权无效宣告请求行政纠纷案

刘　青

最高人民法院(2018)最高法行再63号

一、案情简介

再审申请人(一审原告、二审上诉人)：杨华祥

被申请人(一审被告、二审被上诉人)：国家知识产权局

“汤瓶八诊”是杨氏家族的杨明公“结合临床实践以及回族武术,将回族医学不断完善,并以口传心授、言传身教的方式传给后人,就这样,形成了较为完整的、自成一体的八种疗法,正式命名为‘汤瓶八诊’”。杨华祥是汤瓶八诊疗法的第七代传人,并于2004年将“汤瓶八诊”申请注册为商

标。2008 年“汤瓶八诊疗法”被列入国家非物质文化遗产名录；2012 年、2014 年“汤瓶八诊”商标先后两次被评为宁夏回族自治区著名商标。

2014 年，因一次合作失败，合作方向原国家工商行政管理总局商标评审委员会申请宣告“汤瓶八诊”商标无效。原国家工商行政管理总局商标评审委员会以杨华祥将回族流传至今的疗法名称作为商标申请注册，具有表述服务内容、服务方式等特点，缺乏商标应有显著性为由，宣告“汤瓶八诊”商标无效。由此杨华祥开启了漫漫诉讼路。北京知识产权法院、北京市高级人民法院经过两审，都没有支持杨华祥的诉讼请求，维持了原国家工商行政管理总局商标评审委员会的裁定。

对于“汤瓶八诊”这样的商标给予较强的保护，禁止他人未经许可使用，有利于保护服务的特点和文化传统，将产品做大做强，消费者才能体会其独特的疗法和背后的文化。相反，如果允许其他人未经许可使用汤瓶八诊开展服务，可能会切断了该服务所承载的历史、传统和文化，破坏已有的市场秩序。

经过不懈的努力，最高人民法院撤销了原国家工商行政管理总局商标评审委员会关于宣告“汤瓶八诊”商标无效的裁定，使历经几百年杨氏自家传承的技艺名称终于受到应有的保护。

二、办案策略及律师工作

在一审、二审过程中，主要的争议焦点在于带有描述性的词语是否可以注册为商标，杨华祥是否通过商标使用行为与“汤瓶八诊”商标建立了一一对应关系等法律问题。在再审过程中，代理人仔细研究案件始末，最终认为，对于列入非物质文化遗产名录的服务名称是否可以作为商标进行注册，不仅要看其本身是否具有显著性，更应该关注该非物质文化遗产的前世今生。如果一项非物质文化遗产项目，从创立、传承、目前的掌握情况、市场格局来分析，一直是由一个公司或者一个家族来掌握传承的，那就应当给予其商标保护，否则不应当进行商标保护。如“全聚德烤鸭”“茅台酿酒技艺”其非物质文化遗产名称均给予了商标保护，相反“端午节”等全国人民广泛传承的技艺的名称则不能进行商标保护。为此，代理人就“回族汤瓶八诊疗法”深入研究，从“回族汤瓶八诊疗法”这一非物质文化遗产项目的历史起源、传承过程、市场格局等多方面的因素考虑后，认为“回族汤瓶八诊疗法”没有被大众化、名称没有通用化，应当给予商标保护。

三、裁判要旨及结果

（一）裁判要旨

本案的难点是“汤瓶八诊”是否具有显著性以及将“汤瓶八诊”与杨华祥形成对应关系，被列入国家非物质文化遗产是否意味着“汤瓶八诊疗法”本身属于公共领域的范畴，两者界限应该如何划分。

最高人民法院总结的案件争议焦点为：（1）二审法院认定争议商标的注册属于2001年《商标法》第11条第1款第3项规定的情形，应予无效宣告是否正确。2001年《商标法》第11条第1款第3项规定，缺乏显著特征的标志不得作为商标注册。（2）对非物质文化遗产的传承与发展与对该知识产权的保护。

笔者根据以上争议焦点从以下方面进行论述：

第一，关于事实方面。“汤瓶八诊”这一名称，既是注册商标，也是“汤瓶八诊疗法”名称，还是非物质文化遗产的名称。这是一个具有多种属性的名称。在审查这类兼具多种属性的名称是否具有显著性的问题时，不仅要从字面意思进行审查，还要考虑其历史渊源、传承过程以及市场格局等因素。首先，从历史渊源上讲，本案的原一审、二审法院存在一定的误区，“汤瓶八诊”从创立传承至今，一直都是在杨氏家族内部进行的传承，从未在回族民间广泛流传过。其次，“汤瓶八诊疗法”一直在杨华祥家族内部传承。因为杨氏家族一脉单传，且一直遵循着中国古老的传男不传女等思想，直到杨华祥，一直没有其他人掌握该种疗法，亦不可能有其他人使用和经营该种疗法。“汤瓶八诊疗法”的传承体系，已经经过文化部的认可，再无其他人传承。再次，至目前为止，中国大陆市场所有的“汤瓶八诊疗法”的经营店面均是受杨华祥的授权，并没有未经授权而私自经营“汤瓶八诊疗法”的店铺，这一唯一的市场提供者的格局也充分说明了只有杨华祥掌握“汤瓶八诊疗法”，除此之外，并无他人掌握的事实。最后，“汤瓶八诊”经过申请人杨华祥的长期经营，在行业内已具有一定的影响力和知名度。

第二，从证据的角度来讲，法院以部分书籍等资料就认定“汤瓶八诊疗法”为回族民间广泛流传存在严重的证据不足。

第三，关于法律适用的问题，首先，本案适用 2001 年《商标法》第 11 条第 3 项是错误的。根据二审判决的表述，“汤瓶八诊疗法”是回族民间广泛流传的疗法，那么也就是说，“汤瓶八诊疗法”是民间约定俗成并被广泛使用的一种诊疗方法。如果照此理解，“汤瓶八诊疗法”应当被认定为通用名称，这正好是通用名称的认定标准，因此应该适用 2001 年《商标法》第 11 条第 1 项的规定。人民法院不能既适用通用名称的认定标准，又使用其他法律规定进行裁决。其次,一审、二审法院判决认为"汤瓶八诊疗法"被列入非物质文化遗产名录,进而论证"汤瓶八诊疗法"为回族民间广泛流传是错误的。最高人民法院(2013)民申字364号民事裁定书中已经明确地指出,非物质文化遗产有公有领域的,也有私有领域的,不能仅凭列入非物质文化遗产名录,就认为进入了公有领域。可以说,本案的二审判决,除了引用的法律不同,其逻辑和思维方式与山东省高级人民法院认定"汤瓶八诊"为通用名称一案的逻辑和思维方式完全相同。

第四,本案的发生,是由于第三人等人恶意破坏"汤瓶八诊"所造成的。在杨华祥与王某合作过程中,王某及郭某等人为了获取非法利益,私自将申请人的书籍出版,歪曲使用"汤瓶八诊"名称,将"汤瓶八诊"名称使用在与"汤瓶八诊疗法"毫无关联的鉴宝俱乐部,破坏"汤瓶八诊疗法"的内涵;未经申请人授权许可他人使用"汤瓶八诊"商标,再审申请人合法授权的某公司使用"汤瓶八诊"商标及经验"汤瓶八诊"项目,却被郭某等人强行骚扰无法正常经营。在再审申请人制止郭某等人的行为后,郭某等人恼羞成怒,为了报复再审申请人,向原国家工商行政管理总局商标评审委员会申请撤销涉案商标。如果该商标被判定无效,郭某等人将势必肆无忌惮地滥用"汤瓶八诊"这一名称,歪曲"汤瓶八诊疗法"所蕴含的真正内涵,为此,如果不对"汤瓶八诊"这一名称进行保护,将彻底毁掉"汤瓶八诊疗法"这一非物质文化遗产。

(二)最高人民法院裁判结果

首先,最高人民法院认为判断包含描述性因素的商标是否具有显著性,还应根据商标所指定使用商品的相关公众的通常认识,从整体上进行判断,相关商标的实际使用情况,以及是否经过使用产生识别商品来源的作用,也是需要考虑的因素。基于杨华祥及其杨氏家族长期以来对争议商标的实际使用,争议商标已经与杨华祥形成了较为明确的服务来源指向关系,相关公众在看到争议商标时,能够将其与杨华祥及其杨氏家族建立联系,争议商标在客观上已经发挥了指示特定服务来源的功能,争议商标的注册应当予以维持。

其次,对非物质文化遗产的传承与发展,并不当然排斥知识产权的保护方式。本案中,在争议商标申请并获准注册后,“回族汤瓶八诊疗法”被列入非物质文化遗产名录。作为争议商标权利人的杨华祥,同时也是“回族汤瓶八诊疗法”的传承人。根据非物质文化遗产法的相关规定,其负有传承非物质文化遗产的义务。在案证据显示,杨华祥及其杨氏家族在通过培训、提供医疗服务等多种方式推广“回族汤瓶八诊疗法”的同时,也使争议商标“汤瓶八诊”产生了指向特定服务来源的功能。因此,维持争议商标的注册,实质上也促进了传统文化的传承与发展。综上所述,争议商标不属于2001年《商标法》第11条第1款第3项规定的情形,原国家工商行政管理总局商标评审委员会第32846号裁定和一审、二审判决认定事实和适用法律均存在错误,应予纠正。

四、律师评析

(一)典型意义

非物质文化遗产,是指各族人民世代相传并视为其文化遗产组成部分的各种传统文化表现形式,以及与传统文化表现形式相关的实物和场所。国家鼓励和支持开展非物质文化遗产代表性项目的传承、传播,并以认定代表性传承人的方式促进其传承和传播。同时,非物质文化遗产的传承和商业开发利用等也需要借助《著作权法》《商标法》《专利法》等的综合保护。非物质文化遗产与商标注册本身并不冲突。《非物质文化遗产法》第44条规定:“使用非物质文化遗产涉及知识产权的,适用有关法律、行政法规的规定”。但是在具体维权和商标使用过程中,对非物质文化遗产的保护依然不足。如果过于教条地适用法律来解决非物质文化遗产问题可能会切断了该服务所承载的历史、传统和文化,破坏已有的市场秩序。

该案凸显出我国知识产权制度作为非物质文化遗产保护的方式仍具有局限性,知识产权制度静态的保护方式与非物质文化遗产的动态发展无法契合,这种局限性迫使包括立法者在内的有关主体主动考量创设其他权利及制度以促进非物质文化遗产的保护。

(二)法律评析

非物质文化遗传的名称,往往描述了服务的名称或服务的特点,但非物质文化遗产既有公有领域的技艺,又有私有领域的技艺。在判断非物质文化遗产项目名称是否具有商标显著性时,不能机械地、教条地适用法律条文,应当考虑该非物质文化遗产的历史、传承、文化等多方面的因素后再确定该非物质文化遗产是否属于私有领域,也即该名称是否与商标申请人之间存在唯一的对应关系,从而确定商标是否具有显著性。本案中,作为争议商标权利人的杨华祥,同时也是“回族汤瓶八诊疗法”的传承人。根据现有证据可以看出,“汤瓶八诊疗法”是由其家族创立的一种诊疗方法,在多年的传承过程中,该疗法并未传承至家族外部广泛流传,到目前为止,该疗法的市场提供者仍然只有杨华祥及其开设的公司,杨华祥及公司在通过培训、提供医疗服务等多种方式推广“回族汤瓶八诊疗法”

的同时，也使争议商标“汤瓶八诊”产生了指向特定服务来源的功能。杨华祥与“汤瓶八诊”商标之间已经建立了唯一的对应关系，可以作为商标进行注册和使用。

律师简介

刘青，盈科银川合伙人律师，盈科银川知识产权法律事务部主任，银川市律师协会知识产权法律专业委员会主任，宁夏律师协会知识产权法律专业委员会副主任，石嘴山仲裁委员会仲裁员，宁夏回族自治区人民政府法律专家库专家，银川市“七五”普法讲师团讲师，宁夏律师协会2018～2020年度优秀律师。

17.

工程主体完工后未验收即解除委托设计合同，委托人在特定目的范围内继续使用委托作品不构成侵权

——山东某建筑设计研究院与济南某建筑设计公司著作权纠纷申请再审反败为胜案

张群力

最高人民法院(2016)最高法民再336号

一、案情简介

2009年10月，山东某房地产建设开发公司(以下简称山东房地产公司)与济南某建筑设计公司(以下简称济南设计公司)签订了济南某商业项目的建筑工程设计合同，山东房地产公司委托济南设计公司对某商业项目(以下简称涉案项目)进行设计。涉案项目是当地的重点招商引资项目。该项目预估带动就业5万余人，预估年缴纳税费约7000万元。

2011 年 11 月，山东房地产公司根据济南设计公司的图纸，完成了商业项目的主体结构工程。山东房地产公司请求济南设计公司配合主体结构工程验收，济南设计公司向山东房地产公司索要高额不当费用未果后，拒不配合参与主体结构工程的验收，导致涉案项目无法进行后续施工，工程因此长期停工，施工队、民工、大批购房业主每天到山东房地产公司闹事，并不断到政府部门上访，严重影响了山东房地产公司的正常营业，影响了当地的社会稳定。

迫不得已，2013 年 10 月 28 日，山东房地产公司向济南设计公司发出解除设计合同的律师函，并于同日与山东某建筑设计研究院（以下简称山东设计研究院）重新签订了建设工程设计合同。山东设计研究院根据已经完工的涉案项目主体结构，以自己的名义重新出具完整的图纸，并配合山东房地产公司进行主体结构工程的验收。

2014 年 11 月 20 日，济南设计公司将其为山东房地产公司设计的原设计文件向国家版权局提出图形作品登记申请，经国家版权保护中心审核，予以登记。

2014 年 12 月，济南设计公司以山东设计研究院未经济南设计公司授权同意，非法复制涉案工程施工图设计文件为由向济南市中级人民法院提起诉讼，请求判令山东设计研究院立即停止使用济南设计公司享有著作权的施工图设计文件，销毁所复制的施工图设计文件和签盖的施工资料等文件；在《齐鲁晚报》上刊登声明向济南设计公司公开赔礼道歉；赔偿济南设计公司经济损失。

二、原裁判内容

2015 年 6 月，一审法院经审理认为，本案涉及的工程设计图是济南设计公司按照山东房地产公司设计要求完成的具有独创性及可复制性的图案，属于我国《著作权法》规定的能为建设施工提供依据的图形作品范畴。根据济南设计公司提交的作品登记证书，可以认定济南设计公司对该图形作品依法享有著作权，应受法律保护。山东设计研究院未经济南设计公司许可，擅自复制了济南设计公司的图纸，构成侵权。因此，需要停止侵权，并赔偿济南设计公司损失。

一审判决后，山东设计研究院和济南设计公司均向山东省高级人民法院提起了上诉。2015 年 10 月，山东省高级人民法院的终审判决仍然认定山东设计研究院构成侵权，应当赔偿济南设计公司损失。

在一审、二审法院认定构成侵权后，济南设计公司依据生效的民事判决书向当地公安机关报案，以侵权数额巨大为由要求以侵犯著作权罪追究山东设计研究院及其负责人的刑事责任。当地公安机关立案后对山东设计研究院的主要负责人采取了取保候审的刑事强制措施。

三、办案策略及律师工作

经北京律师界朋友推荐，2016 年 5 月山东设计研究院的负责人到盈科北京总部委托张群力律师参与本案的申请再审代理工作，由张群力律师和本案山东原代理律师共同组成律师团队，担任山东设计研究院在最高人民法院申请再审案的代理人。

山东设计研究院二审败诉后面临着两大压力：第一，被法院强制执行，要求承担赔偿责任；第二，被公安机关立案侦查，可能被追究刑事责任。山东设计研究院单位负责人的正常生活及整个单位的经营都受到非常大的影响。为此，山东设计研究院急需向最高人民法院申请再审，启动最高人民法院再审救济程序。

表面上，本案一审、二审判决有事实和法律依据。因为，济南设计公司对原设计图纸拥有著作权，山东设计研究院重新出具的图纸与济南设计公司的图纸有80%相同的内容，存在所谓复制的事实。山东设计研究院事先未取得济南设计公司的许可，认定山东设计研究院侵犯著作权符合一般惯例。在构成著作权民事侵权后，因涉案金额巨大，自然存在涉嫌刑事犯罪的问题。

但经过深入分析，本案具有特殊性，济南设计公司的设计成果是委托创作作品，《最高人民法院关于审理著作权民事纠纷案件适用法律若干问题的解释》第12条对委托创作作品的著作权有一定的限制，即委托人可以在委托范围内使用。本案中，山东设计研究院的复制行为如果属于著作权限制的免责范围，则本案不构成侵权。当然，这存在一定的法律适用争议。

本案紧紧抓住这一法律适用，且从著作权权属内容即复制权、发行权、修改权角度，从著作权侵权构成要件角度，多角度深度分析本案的法律适用，并进一步阐释和强调著作权限制的角度和著作权侵权构成要件的角度在本案法律适用上的本质一致性，进一步凸显了一审判决和二审判决适用法律的错误。

四、裁判要旨及结果

虽然本案确实存在法律适用争议，但律师团队认为，依据《最高人民法院关于审理著作权民事纠纷案件适用法律若干问题的解释》第12条和民事侵权构成要件的基本原理，本案不应该被认定构成侵权。经过不懈努力，最高人民法院在2016年6月30日下达了(2016)最高法民申1052号民事裁定书，直接提审本案。

最高人民法院提审本案后，重新组成了合议庭，并于2016年11月8日在最高人民法院本部第三法庭公开开庭审理。中国庭审公开网、最高人民法院官方微博、最高人民法院官方微信、新浪法院频道进行了庭审直播。

经努力，最高人民法院最终采纳了律师团队的代理意见，2017年3月23日向张群力律师送达了(2016)最高民再336号提审判决书，判决撤销山东省高级人民法院(2015)鲁民三终字第159号民事判决和山东省济南市中级人法院(2014)济民三初字第926号民事判决，驳回济南设计公司的全部诉讼请求。至此，本案在民事和刑事方面彻底反转！

五、律师评析

(一)典型意义

本起案件具有如下三方面的典型意义：第一，对委托创作的建筑设计图纸，如何准确适用《最高人民法院关于审理著作权民事纠纷案件适用法律若干问题的解释》第12条，如何认定委托创作的建筑设计图纸的著作权限制。第二，如何从著作权权属内容的角度分析是否构成著作权侵权。第三，在法律适用存在争议时，如何从著作权侵权的基本原理分析是否构成侵权。

从工程管理的角度，最高人民法院对本起案件的再审判决，确定了在原设计单位不配合进行后续设计时，建设单位可以依法采取的合理措施，对原图纸在原工程范围内使用，不构成侵权。

（二）法律评析

1. 依据《最高人民法院关于审理著作权民事纠纷案件适用法律若干问题的解释》第12条的规定，山东房地产公司委托山东设计研究院在原基础上设计，是对原设计成果在特定目的范围内的合理使用，不构成侵权。

《著作权法》第17条规定，“受委托创作的作品，著作权的归属由委托人和受托人通过合同约定。合同未作明确约定或者没有订立合同的，著作权属于受托人”。

《最高人民法院关于审理著作权民事纠纷案件适用法律若干问题的解释》第12条规定，“按照著作权法第十七条规定委托作品著作权属于受托人的情形，委托人在约定的使用范围内享有使用作品的权利；双方没有约定使用作品范围的，委托人可以在委托创作的特定目的范围内免费使用该作品”。

本案济南设计公司主张的原设计图纸，是济南设计公司接受山东房地产公司的委托而创作的特定作品。虽然济南设计公司和山东房地产公司对作品的著作权权属没有约定，虽然济南设计公司和山东房地产公司对作品的使用范围也没有约定，但依据上述法律规定，山东房地产公司作为委托人，对济南设计公司的上述原设计图纸拥有在原委托创作的特定目的范围内免费使用该作品的权利。

本案中的“原委托创作的特定目的范围”显然是指涉案工程的相关范围。即只要是涉案工程的相关事项，包括施工、监理、工程备案、维修、存档等，山东房地产公司作为委托人，均有权使用这些图纸，或委托他人为涉案工程使用这些图纸。

依据山东房地产公司与济南设计公司的设计合同，山东房地产公司并没有违约，山东房地产公司如约支付了前期20%的设计费，余下的设计费须在工程竣工后，以竣工验收的商业房产顶抵。

退一步说，即使解除合同的原因不是基于济南设计公司被吊销设计资质的事实，即使解除合同的原因不是基于济南设计公司违约的事实，而是基于山东房地产公司自身的过错，合同解除时，只要山东房地产公司已经取得了设计图纸，并将设计图纸部分物化到了建筑物之上时，济南设计公司也无权再要求山东房地产公司停止使用上述图纸。济南设计公司只能依据合同纠纷，要求山东房地产公司赔偿相关损失。山东房地产公司作为委托人，仍可以在涉案工程中合理地使用上述委托作品。

基于上述理由，不管济南设计公司是否同意，只要山东房地产公司或山东房地产公司的受托单位将上述原图纸只用于涉案工程，而不是用作其他工程或其他用途，山东房地产公司及山东房地产公司的受托单位的行为就是对上述原图纸的合理使用，就不构成侵权。

2. 即使不考虑《最高人民法院关于审理著作权民事纠纷案件适用法律若干问题的解释》第12条的免责规定，本案也没有侵犯原设计图纸的复制权、修改权或署名权。

第一，本案没有侵犯原设计图纸的复制权。复制包括从平面到平面的复制，也包括从平面到立体的复制、从立体到平面的复制。

依据设计图纸进行施工，完成建筑物的建设，是从平面到立体的复制。依据建筑物现状，描绘和重新设计出相应的图纸，是从立体到平面的复制。

如前所述，山东设计研究院的后续设计是从立体到平面的复制，是对施工现状的正确描绘，是一个再创造的过程。双方都认可，由于施工变化及设计变更，山东设计研究院的图纸和济南设计公司的原图纸至少有20%的差异。山东设计研究院的图纸显然直接源于客观实际，而不是对原图纸的简单复制。

现在绘图绝大部分都采用计算机绘图，而不是原先的手工机械绘图。绘图时一般是由设计人员输入相应参数，而后由计算机自动生成相应的图纸。因此，从绘图工艺来分析，本案也不存在所谓复制原设计图纸的情况。

综上所述，本案即使不考虑《最高人民法院关于审理著作权民事纠纷案件适用法律若干问题的解释》第12条的免责规定，也不能认定山东设计研究院侵权复制了原设计图纸，更不能认定山东设计研究院剽窃了原设计图纸。

第二，本案同样没有侵犯原设计图纸的修改权。工程实际施工中发生了设计变更，新图纸必然与原图纸存在差异。本案根本不存在所谓侵犯原设计图纸的修改权问题。

第三，本案同样也没有侵犯原设计图纸的署名权。如前所述，山东设计研究院的图纸源于施工现场，与济南设计公司的图纸二者之间至少有20%的差异，是两套不同的图纸。因此，不存在山东设计研究院在济南设计公司图纸上署山东设计研究院名称的问题。

另外，山东设计研究院署名的涉案工程图纸，是按山东房地产公司和质监站的要求出具的，也只提供给了相关备案或存档单位，只满足本工程的特定存档和备案需求，没有用于其他项目，更没有向外发表和传播。

因此，即使不考虑《最高人民法院关于审理著作权民事纠纷案件适用法律若干问题的解释》第 12 条的免责规定，本案也根本不存在所谓侵犯原设计图纸的署名权问题。

综上所述，本案中即使不考虑《最高人民法院关于审理著作权民事纠纷案件适用法律若干问题的解释》第 12 条的免责规定，山东设计研究院也没有侵犯济南设计公司原图纸的复制权、修改权或署名权，山东设计研究院的行为不构成侵权。

（三）经验总结

本起再审胜诉案件在律师代理的角度有几点值得总结的经验。

1. 申请再审案件难度非常大，最难的节点是正式启动再审程序，即由法院裁定对案件再审并裁定中止原判决的执行。而成功启动再审程序的前提是，申请再审具有《民事诉讼法》第 200 条规定的法定再审事由。因此，当事人申请再审务必紧扣法定再审事由确定思路，并结合案件的情况确定一个至二个再审事由作为案件的切入点。经律师团队集体讨论，申请再审时紧紧抓住了"原审适用法律确有错误"的这一法定事由，即抓住了本案适用《最高人民法院关于审理著作权民事纠纷案件适用法律若干问题的解释》第 12 条错误这一事由。

2. 为强化"原审适用法律确有错误"这一再审事由，代理时，律师团队在横向和纵向进行了立体展开。第一，直接从《最高人民法院关于审理著作权民事纠纷案件适用法律若干问题的解释》第 12 条适用的角度进行展开；第二，从著作权权属内容的角度展开，即从著作复制权、署名权和修改权的角度展开；第三，从著作权侵权原理的角度展开。三个角度的横向和纵向展开，进一步强化了"原审适用法律确有错误"这一再审事由，起到了良好的效果。

3. 在从三个角度对再审事由进行展开的同时，又从理论深度分析了本案依据著作权限制不构成侵权和依据著作权侵权构成要件不构成侵权的一致性。不同角度理论一致性的分析，进一步强化阐述了本案“原审适用法律确有错误”的事实。

律师简介

张群力律师，现为盈科律师事务所全球总部合伙人、盈科中国区董事会副主任、盈科北京管委会名誉主任、盈科北京商事诉讼仲裁法律事务部主任、九三中央思想建设研究中心副主任研究员，兼任中国国际经济贸易仲裁委员会等30多家仲裁机构的仲裁员或专家咨询委员会委员。

张群力律师出版了以下专著：(1)《最后的诉讼——民商事再审实务与技巧》(2012年，法律出版社)；(2)《最高人民法院新证据规定与证据实务——民事证据制度的完善与阐释》(2020年，法律出版社)；(3)《诉讼代理55步：案件流程管理》(2021年，法律出版社)。

18.

滥用"不可抗力"单方发出解除通知，不产生解除合同的后果且应当承担违约责任

——北京某化工公司与西南某工业公司专利实施许可和专有技术转让合同纠纷案

张群力

最高人民法院(2018)最高法民再271号

一、案情简介

2011年11月23日，西南某工业公司(以下简称西南公司)与北京某化工公司(以下简称北京公司)签订《许可转让合同》，主要约定北京公司以普通实施许可方式向西南公司提供65万吨/年醋酸装置成套技术工艺包。2012年5月22日，北京公司向西南公司提交最终版的工艺包资料。

2013年8月12日，西南公司向北京公司发出的《合同解除通知》称："由于国家产业政策调整等不可抗力原因，西南公司依法决定与北京公司

解除涉案合同，请北京公司即日起终止涉案合同的履行，其他事宜依法另行协商。”

2013 年 8 月 19 日，西南某市召开一体化项目第二十四次会议。2013 年 8 月 27 日印发《第二十四次会议纪要》，其中关于西南某市政府的产业调整政策发生了重大变化。

2013 年 8 月 27 日，北京公司向西南公司发出《异议通知书》，认为西南公司所述“国家产业政策调整”不属于不可抗力，西南公司无权单方解除合同，应当在双方未就解除合同达成一致前，继续履行原合同。

2014 年 2 月 14 日，西南某市政府召开第八次会议，其形成的《第八次会议纪要》（以下简称 2014 年 2 月会议纪要）载明：“由于产品价格持续下滑，且设备未进行采购，醋酸及醋酸乙烯聚乙烯醇装置停建”。

2014 年 5 月 21 日，北京公司向西南公司发出传真，要求西南公司尽快支付专利实施许可费、专利技术转让费及工艺包编制费剩余款项。

北京公司于 2014 年 6 月 27 日和 2015 年 2 月 16 日两次向西南公司发出律师函，催促西南公司尽快处理双方之间存在的争议，支付合同款项和逾期利息。

一审法院审理过程中，北京公司提交多份会议纪要、航空运输电子客票行程单、醋酸装置工程设计采购施工试车等进度表，用以证明北京公司已向西南公司交付了纸版的审查工艺包资料，供西南公司审查工艺包资料的可靠性、完整性，提出审查意见；北京公司指派技术人员参加会议，提供相关服务。

二、原裁判内容及存在的问题

一审法院判决西南公司向北京公司支付合同剩余价款，赔偿北京公司违约金。西南公司不服一审判决，向北京市高级人民法院提起上诉，要求驳回北京公司诉讼请求。二审法院撤销一审关于西南公司支付合同价款及违约金的判决，改判西南公司向北京公司支付的合同剩余价款及违约金仅数十万元。

本案双方争议主要集中在，西南公司是否存在违约行为、北京公司要求西南公司支付合同余款和违约金是否有法律依据、西南公司向北京公司发出《合同解除通知》是否导致《专利实施许可和专有技术转让合同》（以下简称转让合同或涉案合同）被解除、应该如何确定西南公司应支付的合同价款及应承担的违约责任。

二审判决对涉案合同第9.5条理解严重错误，认定西南公司有单方解除合同的权利，对于合同终止不承担任何责任。

三、办案策略及律师工作

经北京律师界朋友推荐，2017年12月北京公司的负责人到盈科北京总部委托张群力律师团队参与本案的申请再审代理工作，担任北京公司在最高人民法院申请再案的代理人。

接受申请人委托后，张群力律师通过对一审、二审案卷材料的反复阅读，认为：（1）二审判决严重错误理解转让合同第9.5条的约定，错误理解“由于买方原因（包括不可抗力）造成的合同提前终止，买方已支付给卖方的款项，卖方不予退还”。（2）二审判决错误认定“西南公司的行为已构成合同约定的终止情形”，错误认定西南公司不构成违约。（3）二审判决错误认定“合同权利义务终止后基于合同产生的权利义务全部归于消灭”，并进而错误认定西南公司不构成违约，无须支付合同余款和违约金，二审判决错误认定北京公司并没有开展合同余款1712万元对应的工作。

本案的突破口是证明西南公司单方解除合同并不属于合同约定的终止情形，西南公司没有单方解除权。为了获得法院的支持，张群力律师从双方合同条款、原《合同法》有关法定解除条款、政府行为是否构成不可抗力或者情势变更情形、北京公司的合同义务已经履行以及知识产权的基本特点等多方面论证了西南公司单方解除合同构成违约。

四、裁判要旨及结果

最高人民法院认为：西南公司发出的《合同解除通知》不能导致涉案合同被解除，西南公司关于其通知解除涉案合同的原因为“不可抗力”的主张不能成立，西南公司单方停止继续履行合同并发出《合同解除通知》构成违约，该通知不能产生解除涉案合同的后果。西南公司应当依照法律规定和涉案合同约定承担违约责任。最高人民法院最终判决西南公司向北京公司支付剩余合同款项及违约金共计800余万元。

五、律师评析

（一）典型意义

无论是政府主体本身还是有政府背景的企业，都必须严格履行合同约定的义务，不具备合同约定和法律明确规定的合同解除条件，任何一方都不得单方解除合同。政府主体在参与民事活动中也应遵循民事活动的基本原则和规则，履行已经成立并生效的民事合同。

最高人民法院的判决不仅依法维护了民营企业的合法权益，更维护了法律的尊严和公平正义。

(二)法律评析

西南公司主张的事实不属于不可抗力,西南公司主张因不可抗力而解除涉案合同没有事实和法律依据。

1. 原《合同法》及双方合同对不可抗力的界定。原《合同法》第 118 条第 2 款对不可抗力进行了立法界定。不可抗力是不能预见、不能避免且不能克服的客观情况,即构成不可抗力必须同时满足不能预见、不能避免、不能克服和客观情况四个条件。其中,不能预见是指当事人在签订合同时,按照通常的社会认知能力是不可能预测到会发生某种事件;不能避免是指当事人已经尽了最大的努力,但仍然无法避免某种事件的发生;不能克服是指当事人已经尽了最大的努力,但仍然不能克服事件所造成的损害后果,致使合同不能履行。不可抗力通常包括两种情况:一种是自然灾害,如水灾、地震等;另一种是社会非正常事件,如战争、罢工、国家政府行为等。

北京公司与西南公司签订的转让合同第 18 条第 24 项也对不可抗力作了界定,即不可抗力是指超出本合同双方控制范围、无法预见、无法避免或无法克服、使本合同一方部分或全部不能履行本合同的事件。这类事件包括政府行为或国家公权力的行为。

显然,转让合同对不可抗力的界定和原《合同法》对不可抗力的规定是一致的。事实上,退一步说,即使转让合同对不可抗力的表述和原《合同法》的表述不完全一致,对转让合同中不可抗力的理解,也应当遵循原《合同法》关于不可抗力的规定,任何不可抗力的构成都必须同时具备不能预见、不能避免、不能克服和客观情况这四个条件。

2. 2014 年 2 月会议纪要不属于政府的行政行为,西南公司至今没有提供任何证据证明是政府的行政行为导致了西南公司的项目停建。2013年8月12月，西南公司单方解除合同时，西南公司没有提供任何材料证明由于政府的原因导致西南公司的项目停建。2014年1月双方协商时，西南公司也没有提供任何书面的材料。其后，西南公司只提供了一份2014年2月会议纪要，除此份会议纪要外，西南公司再没有提供过任何其他证明材料。显然，单凭这一份会议纪要，不能证明是政府的行政行为导致了西南公司的项目停建；更不能证明，早在2013年8月，政府的行政行为就导致了西南公司的项目停建。

因为，政府作为行使公权力的行政机关，只能依法行政。政府对外作出行政行为的方式只可能是通知、命令、决定等法定方式，而不能是不对外公开且对外不具有法律约束力的内部会议纪要。《国家行政机关公文处理办法》就明确规定，会议纪要是指记载、传达会议情况和议定事项的内部公文，对外不产生法律效力。

因此，2014年2月会议纪要不属于政府的行政行为，西南公司没有提供任何证据证明是政府的行政行为导致了西南公司的项目停建。

3. 即使2014年2月会议纪要属于某市政府的行政行为，会议纪要中的产品价格下滑也属于正常的商业风险，并不属于不可抗力。退一步说，即使2014年2月会议纪要属于政府的行政行为，2014年2月会议纪要中所述的产品价格下滑也属于正常的商业风险，根本不属于不可抗力。而且这种商业风险很常见、很典型。对常见的商业风险西南公司在签订合同时理应能够预见。商业风险所带来的不利后果理应由参加市场经济活动的西南公司来承担，西南公司不能以规避商业风险为由不履行合同并要求免责。

4. 即使2014年2月会议纪要属于某市政府的行政行为，某市政府的具体行政行为也不构成不可抗力。另外，再退一步讲，即使2014年2月会议纪要属于某市政府的行政行为，这也只是某市政府具体的行政行为，而具体的行政行为并不构成不可抗力。政府的行政行为包括抽象的行政行为和具体的行政行为。抽象的行政行为，如立法或政策的重大变化，可以构成不可抗力，而具体的行政行为并不构成不可抗力。因为，如果将具体的行政行为归为不可抗力，容易导致不可抗力的滥用，从而影响经济秩序，损害市场经济中基本的契约精神。事实上，从立法上考量，如果合同的一方遭遇到具体的行政行为而不能履行合同，从而蒙受损失，该方完全可以通过行政赔偿或行政补偿等方式得到救济。立法上和司法实践中完全不应当将这种具体的行政行为归为不可抗力。

5. 即使西南公司项目的停建源于某市政府的决定，某市政府履行国有企业国有资产出资人职能的行为，也不属于不可抗力。对企业来说，政府可能履行两方面的职能。第一，政府履行公共管理职能，这方面的行政行为有可能构成不可抗力。第二，政府或政府有关机关和部门对国有企业履行国有资产出资管理人职能。政府履行国有资产出资管理人职能的行为显然不构成不可抗力。因为，如果政府履行国有资产出资管理职能的行为能够构成不可抗力，将直接导致国有企业和非国有企业的不平等，直接背离市场经济的基本公平原则。

事实上，《国有企业国有资产法》第6条规定，国务院和地方人民政府应当按照政企分开、社会公共管理职能与国有资产出资人职能分开、不干预企业依法自主经营的原则，依法履行出资人的职责。

本案中，退一步说，即使西南公司项目的停建源于某市政府的决定。

某市政府的这一决定也完全是履行国有资产出资人管理职能的行为，显然不属于不可抗力。无论是某市政府所属国有企业，还是其他企业，作为市场主体，在参与民事活动中，都必须遵循民事活动的基本原则，积极、合法、善意地履行合同的义务。

6. 即使存在政府行为导致西南公司项目停建等所谓不可抗力，这些所谓不可抗力也没有使本案双方的义务不能履行。本案中，北京公司的主要义务是办理专利许可和技术转让。合同签订后，北京公司的专利许可义务就已经完成。工艺包的交付、专有技术转让工作也已经完成。因此，本案不存在所谓不可抗力导致北京公司不能履行合同的情形。本案中，西南公司的主要义务是支付合同款。无论西南公司的项目是否停建，西南公司都不可能存在无法支付合同款的情形，都不存在西南公司因不可抗力无法履行合同的情形。因此，即使存在政府行为导致西南公司项目停建等所谓不可抗力，这些所谓不可抗力也没有使本案双方的义务不能履行。

综上所述，本案所谓的产品价格下滑属于正常的商业风险，不属于不可抗力。2014 年 2 月会议纪要不是政府对外的行政行为。即使因某市政府的行政行为导致西南公司项目停建，某市政府的具体行政行为及履行国有资产出资人职能的行为也不构成不可抗力。本案不存在所谓不可抗力，更不存在所谓不可抗力导致西南公司不能履行支付合同款的义务。

（三）经验总结

根据《民法典》第 136 条、第 509 条的规定，当事人应当全面履行自己的合同义务，除《民法典》约定的双方协商解除、附条件单方解除以及法律规定的法定单方解除三种解除合同的情况外，任何一方擅自单方解除合同，均构成违约。

本案中,西南公司主张其无法继续履行涉案合同是由于某市政府对涉案合同项目作出停建决定,属于涉案合同中约定的“政府行为或国家公权力”情形,故系由于不可抗力不能继续履行涉案合同,有权单方解除涉案合同。

而根据《民法典》第 142 条、第 446 条第 1 款的规定,涉案合同中的“政府行为或国家公权力的行为”的理解,应当与涉案合同第 18 条第 24 项约定的内容相适应,即应限于超出本合同双方控制范围或无法预见或无法避免或无法克服的情形,而不是所有的政府行为或国家公权力的行为均可构成涉案合同约定的合同解除条件。而且,西南公司提供的证据也表明因“产品价格持续下滑,且设备未进行采购”等原因决定停止项目建设,而这均属于正常的商业风险。因此,西南公司不能继续履行涉案合同的原因不属于“不可抗力”,在不构成不可抗力的基础上,西南公司单方发出《合同解除通知》并停止履行涉案合同,显然构成违约。

律师简介

张群力律师,现为盈科律师事务所全球总部合伙人、盈科中国区董事会副主任、盈科北京管委会名誉主任、盈科北京商事诉讼仲裁法律事务部主任、九三中央思想建设研究中心副主任研究员,兼任中国国际经济贸易仲裁委员会等 30 多家仲裁机构的仲裁员或专家咨询委员会委员。

张群力律师出版了以下专著:(1)《最后的诉讼——民商事再审实务与技巧》(2012 年,法律出版社);(2)《最高人民法院新证据规定与证据实务——民事证据制度的完善与阐释》(2020 年,法律出版社);(3)《诉讼代理 55 步:案件流程管理》(2021 年,法律出版社)。

19.

《反不正当竞争法》第5条规定的知名商品无须全国知名

——天津冠芳可乐饮料有限公司诉天津山楂树下饮品科技有限公司不正当竞争纠纷案

孟祥亮　马珊珊

最高人民法院(2019)最高法民再337号

一、案情简介

2017年10月,天津冠芳可乐饮料有限公司(以下简称冠芳可乐公司)以不正当竞争纠纷为由,将天津山楂树下饮品科技有限公司(以下简称某饮品公司)诉至法院,请求判决被告立即停止使用"山楂树下"公司名称的不正当竞争行为,请求被告向原告赔偿因侵权所获得的利润,以及本案受理费由被告承担。

冠芳可乐公司是一家成立于1997年的专门生产加工饮用水、碳酸及果汁饮料等饮品的公司,自成立时起即生产加工山楂类果汁饮料。其注册的“冠芳”商标自1999年起被天津市认定为“天津市著名商标”。自2010年起,冠芳可乐公司通过优选原料、优化生产工艺,改进生产配方,生产了一种全新的山楂果汁饮料,并命名为“山楂树下”投入市场销售,由于产品口感优良、健康养生,加之原告十余年来近亿元的广告投入,在近几年国产饮料普遍销售低迷的情况下逆市而上,迅速行销国内市场,产品销售额连年翻番。后原告在河北省发现被告含有“山楂树下”字样的公司销售“树下山果”山楂果汁饮料。

冠芳可乐公司之诉讼主张在一审、二审中均未得到支持,遂向最高人民法院申请再审,最终主张得到支持。

二、原裁判内容及存在的问题

原审法院就“冠芳可乐公司在其生产、销售的商标为‘冠芳’的山楂果肉饮料上,使用‘山楂树下’作为产品名称,该名称是否构成知名商品的特有名称”问题,认为:

1. 原审法院认为冠芳可乐公司销售的范围主要以河北省为主,故对其冠芳品牌的“山楂树下”商品从广告宣传时间、程度、地域范围以及商品销售的区域等方面认定其不能达到在我国境内具有一定市场知名度,为相关公众所知晓的程度。

2. 原审法院认为,冠芳可乐公司的产品实物为商标“冠芳”的“山楂树下”山楂果汁果肉饮料,由于“冠芳”商标能够指示、识别“山楂树下”产品源于冠芳可乐公司,故不会因标识导致相关市场主体的混淆、误认。因此,冠芳可乐公司的“山楂树下”名称不具有识别商品来源的功能,“山楂树下”不能作为我国《反不正当竞争法》调整的知名商品名称进行保护。

3. 除此之外，原审法院认定“山楂树下”不能认定为知名商品特有的名称的另一理由是依据国家工商行政管理总局《关于禁止仿冒知名商品特有的名称、包装、装潢的不正当竞争行为的若干规定》第 3 条第 3 项：“本规定所称知名商品特有的名称，是指知名商品独有的与通用名称有显著区别的商品名称。但该名称已经作为商标注册的除外”的规定。二审法院认为，“二审期间冠芳可乐公司提交了国家知识产权局颁发的第 16529657 号《商标注册证》一份，证明‘山楂树下’已经获得了商标专用权，故‘山楂树下’不能认定为知名商品特有的名称”。

三、再审办案策略及律师工作

孟祥亮律师、马珊珊律师作为冠芳可乐公司再审期间的委托诉讼代理人，积极开展再审申请准备工作，在再审申请中主要围绕以下要点加以突破和论证。

1. 利用新证据，进一步证明冠芳可乐公司的“山楂树下”产品为知名商品。

2. 强调认定知名商品时应结合个案的具体情况，区分不同产业和商品的经营特点，确立与之相适应的知名度覆盖范围。进一步提出，从最高人民法院和我国各地法院审判观点来看，法院普遍倾向于在遵循不正当竞争法立法精神的前提下，区分不同产业和商品的经营特点，确立与之相适应的知名度覆盖范围。同时，根据二审法院认定，申请人之“山楂树下”商品即便在河北省等地构成知名商品，被申请人因具有攀附其知名度的恶意，亦应构成不正当竞争。

3. 强调显著特征(显著性)是考察“特有性”重要前提这一观点。认为二审判决至少存在以下问题:首先,名称的特有性相当于《商标法》所规定商标的显著性,即区别商品来源的显著特性或者说是识别性。因为知名商品特有的名称与注册商标一样都属于商业标识的范畴。其次,《最高人民法院关于审理不正当竞争民事案件应用法律若干问题的解释》第 2 条第 1 款即规定:“具有区别商品来源的显著特征的商品名称、包装、装潢,应当认定为反不正当竞争法第五条第(二)项规定的特有名称、包装、装潢。”因此,在进行名称特有性认定时,应审查其名称是否具有显著特征,缺乏显著特征的名称一般不应当认定其具有特有性。如果名称本身的显著性较高,则对知名度的要求就相对较低,较小的商品知名度也足以使其所使用的名称产生识别意义。再次,上海知识产权法院(2017)沪 73 民终 237 号民事判决书提出,商标局对上海故事公司、紫绮公司申请的“上海故事”商标作出准予注册的决定间接印证了“上海故事”品牌本身具有一定显著性。最高人民法院(2011)民提字第 60 号民事判决书也指出,除非该主体能证明该商品名称通过使用获得了显著特征,能够将商品来源直接指向该市场主体。该等案例均印证了上述观点及意见。最后,申请人提交“山楂树下”商标注册证,足以证明其“山楂树下”名称具有充分的显著特征(显著性),实则对其知名度考察的要求也应相对较低,但二审裁判与此精神相悖。

4.“山楂树下”已经获得了商标专用权,不影响“山楂树下”认定为知名商品特有的名称。首先,知名商品特有名称注册为商标后仍应受到法律保护。从“58 同城”不正当竞争案[(2014)三中民终字第 11197 号、(2014)朝民初字第 07566 号]看,国家工商行政管理总局《关于禁止仿冒知名商品特有的名称、包装、装潢的不正当竞争行为的若干规定》第 3 条第 3 款规定:“本规定所称知名商品特有的名称,是指知名商品独有的与通用名称有显著区别的商品名称。但该名称已经作为商标注册的除外。”该案中,五八房地产公司在其企业名称中使用了“五八同城”的字样;五八信息公司对于“58 同城”的知名商品特有名称权形成于前述五八房地产公司的行为之前,对于“58 同城”的注册商标专用权形成于前述五八房地产公司的行为之后。对此,一审法院认为该项规定并不意味着一旦知名商品名称作为商标注册就不再受《反不正当竞争法》的保护,故此判定五八房地产公司的行为构成不正当竞争,判令其在企业名称中停止使用“五八同城”字样。二审法院从权利形成以及侵权行为发生的时间出发,认为五八信息公司依据知名商品特有名称权,对于在“58 同城”注册为商标之前五八房地产公司的行为进行维权,并无不妥。至于“58 同城”在注册为商标之后,五八信息公司的知名商品特有名称权是否消失,二审法院选择维持原判(包括判令在企业名称中停止使用“五八同城”字样),即认为五八信息公司的知名商品特有名称权并未消失,该名称仍继续受到法律的保护。其次,二审判决观点将造成权利“真空”,对于企业品牌保护将起重大消极作用。申请人以知名商品特有名称权,对在“山楂树下”注册为商标前,被申请人不正当竞争行为进行维权并无不当。

5.“商标使用”不能否定“山楂树下”作为知名商品特有名称的识别功能。首先,最高人民法院在(2008)民申字第 983 号民事裁定书中指出,“一种商品既可以通过商标与同类商品相区别,并通过广泛宣传和销售而为相关公众所知悉,也可以通过企业名称、商品的特有名称、包装或装潢等标识与同类商品相区别,并通过广泛宣传和销售而为相关公众所知悉。因此,商标的使用与商品的知名度并无必然联系”。根据该观点,商标和商品特有名称共同作为“商业标识”可以共生共存,并为法律保护,而二审判决观点显然与此相悖。其次,《上海市反不正当竞争条例》第 8 条第 1 项将“使用经认定的驰名商标或者著名商标的商品”作为认定知名商品的重要条件,意在强调商标使用与特有名称使用的独立地位。最后,结合我国《商标法》第 58 条和《反不正当竞争法》(1993 年)第 5 条第 2 项等的规定,可见注册商标、未注册驰名商标与特有名称共同构成我国商业标识法律体系,其概念、构成、结构、特征相互依存、相互作用,是我国社会主义法律制度建设的重要成果。同时,王莲峰教授等也曾提出,根据不同商业标识识别对象的差异,可将商业标识分为识别商品或服务来源标识、识别经营主体标识、识别经营活动标识和其他标识四类。原审所谓“不会因标识导致相关市场主体的混淆、误认”的观点,有悖于我国商业标识体系的基本原则。

四、再审逆转内容的裁判要旨及结果

1. 关于冠芳可乐公司生产的“山楂树下”饮品名称是否属于《反不正当竞争法》(1993 年)第 5 条第 2 项规定的知名商品特有的名称

再审法院认为,根据《关于审理不正当竞争民事案件应用法律若干问题的解释》第 1 条第 1 款之规定,在中国境内具有一定的市场知名度,为相关公众所知悉的商品为知名商品。《反不正当竞争法》旨在鼓励和保护公平竞争,制止不正当竞争行为,保护经营者和消费者的合法权益,我国幅员辽阔,地域众多,如果仅对在全国范围内都知名的产品给予《反不正当竞争法》的保护,允许他人对在部分地域知名的商品名称、包装、装潢肆意模仿、使用,一方面不利于鼓励相关经营主体诚实信用、公平地从事市场竞争，另一方面也不利于保护消费者的利益，导致消费者混淆、误认为相关产品即知名商品或者与该知名商品的生产商存在特定联系，导致经营者和消费者的合法权益均受到损害。此外，如果仅对在全国范围内都知名的产品给予《反不正当竞争法》的保护，事实上等于为知名商品的保护设置了全国驰名的门槛，等同于未注册的驰名商标保护，也有悖《反不正当竞争法》和《商标法》的立法意图。因此，在我国境内具有一定市场知名度，并非要求相关产品在全国范围内均具有一定的市场知名度。

再审法院也认为，知识产权法并不禁止同一客体同时受到不同知识产权法的保护，也不禁止在同一商品上权利人享有不同知识产权。原审法院前述认定事实上等于认为使用了注册商标的商品，其知名商品的名称无论是否特有均不能发挥识别商品来源的作用，该认定无事实和法律依据，适用法律错误，予以纠正。

再审法院还认为，原审法院对国家工商行政管理总局《关于禁止仿冒知名商品特有的名称、包装、装潢的不正当竞争行为的若干规定》第3条第3项理解有误，该条含义是指某一名称已经作为商标注册的，不再作为知名商品的特有名称受到保护，并非指作为商标注册则丧失了特有性和显著性。“山楂树下”已经被核准注册为商标的事实，一方面说明了该标识的显著性和特有性，另一方面也并不妨碍其在被核准注册之前作为知名商品受到《反不正当竞争法》的保护。

2. 关于某饮品公司在其企业名称中使用“山楂树下”之行为是否构成不正当竞争

根据前述分析，在2016年以前冠芳可乐公司生产的“山楂树下”饮品名称属于《反不正当竞争法》(1993年)第5条第2项规定的知名商品特有的名称。某饮品公司成立于2016年12月,经营范围为果汁饮品新技术研发;预包装食品批发兼零售。其作为同行业,与冠芳可乐公司同处天津地域,应知冠芳可乐公司生产的"山楂树下"饮品的知名度,仍然将其作为字号登记,生产同种产品,容易造成和他人的知名商品相混淆,使购买者误认为是该知名商品,构成不正当竞争,应当承担相应的法律责任。

五、律师评析

本案系一起不正当竞争纠纷,涉及知名商品特有的名称的反不正当竞争法保护问题,争议焦点集中于涉案商品的名称是否属于《反不正当竞争法》(1993年)第5条第2项规定的知名商品特有的名称及被告在企业名称中使用涉案商品的名称是否构成不正当竞争。

而本案的争议焦点实为法律适用问题:一是构成《反不正当竞争法》意义上的"知名商品"是否要求在全国范围内都知名;二是同一商品上的商标和商品特有名称是否可共同被保护;三是知名商品特有的名称注册为商标是否排除了《反不正当竞争法》的保护。

首先,本案案件审理结果明确了对于知名商品的范围;认定商品构成知名商品,应当考虑该商品的销售时间、销售区域、销售额和销售对象以及进行任何宣传的持续时间、程度和地域范围,作为知名商品受保护的情况等因素,进行综合判断,同时结合《反不正当竞争法》鼓励和保护公平竞争,制止不正当竞争行为立法原理,保护经营者和消费者的合法权益,不能为"知名商品"设立全国驰名的门槛,这有悖《反不正当竞争法》和《商标法》的立法意图。因此,在我国境内具有一定市场知名度,并非要求相关产品在全国范围内均具有一定的市场知名度。

其次，商标和商品的特有名称共同作为“商业标识”可以共生共存，并为法律所保护。最高人民法院在（2008）民申字第983号民事裁定书中明确表示，“一种商品既可以通过商标与同类商品相区别，并通过广泛宣传和销售而为相关公众所知悉，也可以通过企业名称、商品的特有名称、包装或装潢等标识与同类商品相区别，并通过广泛宣传和销售而为相关公众所知悉”。我国《商标法》第58条和《反不正当竞争法》（1993年）第5条第2项也体现了可见注册商标、未注册驰名商标与特有名称共同构成我国商业标识法律体系。因此，商品的特有名称被核准注册为商标，并不妨碍其作为商品的特有名称受到《反不正当竞争法》的保护。

最后，知名商品特有名称不因商标注册而排除《反不正当竞争法》的保护。这明确了关于国家工商行政管理总局《关于禁止仿冒知名商品特有的名称、包装、装潢的不正当竞争行为的若干规定》第3条第3项的正确理解，该条含义是指某一名称已经作为商标注册的，转而按照注册商标进行保护，并非就此否定该名称的“特有性”，更非表示商标注册前不可受《反不正当竞争法》的保护。

综上所述，本案在知名商品的特有名称等不正当竞争纠纷中具有典型性，在相关问题上给出了明确的裁判观点，对于指导类案、统一司法裁判标准具有积极作用。

律师简介

孟祥亮律师，北京盈科（天津）律师事务所律师、知识产权法律事务部主任，天津市创意产业协会法律专业委员会执行主任。

马珊珊律师，北京盈科（天津）律师事务所律师、知识产权法律事务部执行主任，天津市国际文化产业创意研究会知识产权与竞争法研究中心主任。

李　华

盈科律师事务所创始合伙人、盈科全国业务指导委员会主任。

李华律师作为盈科全国业务指导委员会主任，负责盈科体系内的专业化建设，带领盈科律师，构建出完整的专业化法律服务体系，包括研究院、专业委员会及综合性法律中心，推动盈科律师专业化的法律服务，以适应法律服务市场不断细分的需要。在此基础上，通过集成各专业委员会纵深化的法律服务能力为客户提供综合性的法律服务。

曾荣获全国律师行业优秀党员律师、北京市优秀律师、朝阳区优秀律师、朝阳区首届优秀女律师、朝阳区优秀党员的荣誉称号。

王承恩

西南政法大学法学学士、中山大学民商法硕士。现任盈科律师事务所第四届全国知识产权法律专业委员会主任，盈科深圳第五届管委会委员、知识产权法律事务中心主任、高级合伙人。入选工信部工业和信息化领域知识产权专家库、深圳市市场监督管理局知识产权专业委员会专家、长沙市知识产权局维权援助专家库专家。

张群力

盈科律师事务所中国区董事会副主任，在中国国际经济贸易仲裁委员会等20多家仲裁机构担任仲裁员。张群力律师二十多年来一直从事诉讼仲裁业务，在最高人民法院及全国法院系统，中国国际经济贸易仲裁委员会和北京仲裁委员会等仲裁机构成功代理了大量复杂疑难案件。

闫东伟

吉林大学法学院全日制法律硕士，律师、专利代理师，盈科南京高级合伙人、管委会副主任。

代理多起典型疑难案件，代理案件入选江苏省高院、南京市律协司法保护十大典型案例。曾被南京律协、盈科总所连续多年评为优秀知识产权律师。

业务范围：知识产权诉讼非诉讼等权案件、重大合同纠纷案件。

李兆岭

具有工程机械理工和法律硕士双背景，律师和专利代理师双资质，曾从事客车技术研发设计工作，2007年开始专注于专利、技术秘密、信息网络等技术类的知识产权争议及非争议事务处理，积累了丰富的实务经验，了解企业生产经营与管理，熟悉企业知识产权运营及创新管理，现任盈科北京知识产权法律事务部（二部）执行主任。